喜樂工程

以正向心理學打造幸福人生

湯國鈞　姚穎詩　邱敏儀　著

健康情緒自助系列（3）

喜樂工程——以正向心理學打造幸福人生

作者／湯國鈞　姚穎詩　邱敏儀

總編輯／馬鎮梅

責任編輯／伍詠慈

美術設計／黃漢威

出版發行／突破出版社

香港沙田亞公角山路33號突破青年村

電話：2632 0000　傳真：2632 0388

電郵：breakthrough@breakthrough.org.hk

網址：http://www.breakthrough.org.hk

http://www.btproduct.com

承印／陽光（彩美）印刷有限公司

2010年2月初版1刷

2019年9月初版5刷

Joy for Life: Application of Positive Psychology

by Anthony Tong, Carol Yiu & Cathy Yau

First Printing, First Edition, February 2010

Fifth Printing, First Edition, September 2019

Printed in Hong Kong

ISBN 978-962-8996-77-3

本書經文取自《新標點和合本》，版權為香港聖經公會所有，承蒙允准採用，特此鳴謝。

誠邀閣下就突破出版社的書籍發表意見

歡迎加入突破書籍 Facebook page — http://www.facebook.com/btbooks.page

本書採用環保油墨印刷

生　活　與　輔　導

關懷、連繫、復和、

溝通、對話……

凝視心之脈動，

直到重新尋獲自己的心。

目錄

喜樂的祕訣：開展篇

結語

何敏賢序

過往幾年，快樂文化漸漸在香港形成。有關快樂的書籍如雨後春筍，亦受到不同階層的讀者注意。要寫一本以快樂做主題、而又有啟發性的書實在不是一件易事。湯國鈞博士及其同儕所寫的這書以正向心理學來探討快樂這主題，實屬非常難得，我誠意向讀者推薦。

正向心理學是近年心理學界新興的一個研究範疇，吸引不少學者和心理學家探討與研究，因過往心理學多以心理問題的處理與治療為主，而正向心理學則專注研究創造美好人生的最佳心理條件，快樂正是它其中一個重要的主題。事實上，近年心理學在這方面的理論和研究的確非常豐富和實用，有助我們更明白和掌握快樂人生所屬的心理條件和素質。

我認為這本書至少有三個特點是非常難得的。首先，全書都以深入淺出的手法為讀者詳盡介紹正向心理學對快樂的研究和見解，當中不乏發人深省的地方，特別是對投入體驗生活和追尋生活意義方面的探討。

本書的第二個特點是特別強調享樂不能帶給我們真正的快樂。作者根據正向心理學的研究所得，指出尋找快樂之道在於培養自己的品德（參考第三、四及六章）；建立良好的人際關係（參考第八章）；和過有意義的生活（參考第五、七及九章）。讀者如能按照本書提供的方法去實踐，自會發現追求快樂的過程是漫長而充滿挑戰的，途中必定會遇到挫折和不快，但我們若能克服這些困難，便可達到長久而真正的快樂。

本書第三個特點就是作者對正向心理學與中國文化關係的探討。正向心理學基本上是西方的思想產品，應用於不同的文化中是否恰當仍未有定案，雖然近年文獻中愈來愈多非西方的研究和理論，這是十分可喜的現象。本書作者意識到中西文化的異同，故在探討快樂這主題時特別注意到如何應用正向心理學於中國文化和社會之中，雖然若要做正向心理學本地化的功夫仍有一段漫長的路程，但這書已是一個很好的開始，希望將來有更多有識之士在這方面共同努力。我深信東方文化也有很多精彩的地方，可以為正向心理學對美好人生的研究提供嶄新而有益的角度與素材。

何敏賢博士
香港大學心理學系副教授

陳麗雲序

科技進步為人類帶來不少好處，小至飲食起居的便捷，大至人類壽命的延長，這些都遠超前人的想像。然而，科技的進步並沒有改善人類的心理和心靈素質，快樂程度更是不增反減。按年計算，美國每四個成年人中，便有一個患精神疾病。根據世界衛生組織統計，抑鬱症已成為世界第四大疾病。預計到 2020 年，抑鬱症將成為僅次於心臟病的第二大疾患，人類的心理和心靈健康問題似乎日益嚴重。愈來愈多學者注意到以病理取向為主（pathology-oriented perspective）的心理治療有一定的限制，因此着意將研究方向由「修復問題」（治療病患）轉至提升人類生命素質。正向心理學就是在這背景之下誕生。「正向心理學之父」馬丁．沙利文（Martin Seligman）曾説過：

“The aim of Positive Psychology is to catalyze a change in psychology from a preoccupation only with repairing the worst things in life to also building the best qualities in life."[1]

一如本書作者所言，本書的誕生亦是源自這寶貴而富有意義的信念。

「快樂」一向是暢銷書籍的主題之一。讀者乍看書名《喜樂工程》，很容易誤把本書當作芸芸自助心理學書籍中的一本。然而，讀者只須略讀本書任何一章，即會發現本書不單內容豐富，取材全面；更引述了大量的學術研究結果作為論證支持，絕非泛泛空言，這在香港的中文書籍中實屬難得。同時，本書的作者全是富有前線經驗的專業人士，十分了解受眾的情況；因此能將嚴謹的學術理論，化繁為簡，深入淺出，與實際生活結合。讀者只要用心細閱，並實踐當中的建議，必能大大提升生命的素質。本書亦適合前線同工參考，切合不同的情況，設計相關的活動，使更多人受惠得益，活出充實而有意義的人生（engaged and meaningful life）。

陳麗雲教授，JP
香港大學思源基金健康及社會工作學教授
社會工作及社會行政學系教授
行為健康教研中心總監

1 Seligman, M. E. P.（2002）. Positive psychology, positive prevention, and positive therapy. In Snyder, C. R.& Lopez, S. J.（Eds.）, *Handbook of Positive Psychology*（pp. 3-9）. New York: Oxford University Press.

溫帶維序

快樂是任何人都嚮往的，只是如何取得卻不是人人都懂。或許你會説：「不同的人自有不同途徑獲取快樂，沒有所謂懂與不懂。」是的，或許每個人的興趣和背景不同，獲取快樂的手段也各異，然而，我相信不論什麼途徑，若要獲取長久且實在的快樂，便不能違背一些獲取快樂的原則。湯國鈞博士及其同儕的新作，透過西方近年興起的正向心理學研究，為我們歸納了好些獲取快樂的原則，而這些原則確實是我們追求快樂的過程中十分有用的指引。比如：要發展潛能、生活得有意義、建立親密的人際關係、學習靜觀、培養品格。我很難想像任何人可以違背這些原則卻依然快樂。

作者在本書除了指出人如何可以獲得快樂，還不時指出這些快樂原則與傳統中國思想有不謀而合之處，足見獲得快樂的途徑確實有其跨時代和文化的向度。然而，如莊子所言：「自其異者視之，肝膽楚越也；自其同者視之，萬物皆同也。」《莊子 · 德充符》指出事物總是同中有異，異中有同，若光是強調不同思想流派的共通點，雖可展示偉大智慧的共同性，卻難以增進溝通，互相學習，取長補短。中國傳統思想與正向心理學的不同之處甚多，有一些比較根本，有一些比較邊緣。以下是一項較為不明顯卻頗具代表性的例子。

根據本書的說法，正向心理學鼓勵人們儘量發揮自己的潛能，活出真我，這是獲取人生意義的一個方法。中國傳統思想中的儒、釋、道三家，基本上都同意這個說法，但我們必須注意，三家所言的潛能是作為人（human）的潛能，而不是作為個人（individual）的潛能。單以儒家為例，儒家強調人要實踐作為人性的「仁」，如孟子所言，這是人與禽獸的分別所在，是人之所以為人的特性。這決不等同於個人的潛能，如：計算、唱歌、繪畫、運動之類。儒家不會否定個人潛能的實現，然而當人性和個性的實現在具體情況下陷入矛盾時，儒家明顯以人性的實現為優先，因為個性的犧牲不至讓人做不成人，最多是讓人生多添一點遺憾（在能完成更高價值的前提下坦然接受這種遺憾，便是中國傳統的所謂達觀精神），但對人性的放棄卻是作為人最深層的自我否定。這種對個性及人性的差別對待，一方面可能會扼殺個性，但同時卻解決了兩者在實現中有衝突時，人們該如何抉擇的人生難題。

像以上這點與正向心理學同中有異的立場，中國傳統智慧中還有許多。我相信正因為兩者有共通處，所以它們才有溝通的可能，同時也因為有其相異處，才能互相借鑒，有助雙方進一步的自我完善和發展。這書能指出它們的共通性，足見作者的識見與胸襟，這也提供了中國傳統思想與現今最前線的心理學發展進行健康對話與互動的新平台。我樂於看見並參與這場對話，希望日後能有更多機會了解正向心理學及其發展，並盡一己之綿力，從中國傳統思想的角度提出一些反省的支點。

溫帶維博士

香港理工大學通識教育中心講師

作者序

現代社會似乎變得愈來愈複雜，要快樂起來也愈來愈不簡單。事實上，在我們的社會中，不快樂的人似乎比以前多了，青少年、中年人和老年人都各有自己的煩惱，到底我們應如何為自己或別人打造快樂幸福的人生呢？

快樂應該是人生追求的最高目標，還是人生中追求意義和價值時的副產品呢？這也是個極具爭議性的問題。

心理學作為一個客觀的科學，是否能為以上問題提供答案呢？我們認為近年迅速崛起的正向心理學（Positive Psychology）的確能為這些重要的人生課題提供寶貴的知識與意見，很值得我們去思考與運用，因此我們以此作為本書的主題，也是聯合情緒健康教育中心的「健康情緒自助系列」的第三本書（之前的兩本書分別為《抑鬱自療》與《焦慮自療》）。

正如正向心理學與傳統心理學的分別，這本書的主題與這系列之前兩本書的主題也有很大分別，我們不再滿足於解決情緒上的困擾與問題，更希望能為讀者提供如何打造一個美好快樂人生的方法和祕訣，相信正向心理學在這方面會有非常重要的貢獻和獨特的價值，希望你讀完此書後也有同感。當然，我們並非鼓勵大家只追求快樂或享樂。本書強調人生是有樂亦有苦，能夠調和平衡兩者才是真正的智慧和喜樂。

正如這系列之前的書一樣，我們非常希望此書能為讀者提供理論與實踐兼備的內容，因此書中包含許多具體可行的建議，助你踏上喜樂人生路。另外，我們也嘗試探討中國文化的特色如何影響正向心理學的應用和實踐，我們明白到本地化的工程絕不容易，希望這書能起拋磚引玉之作用，叫更多有識之士在這方面多作討論與研究。

最後，我們深感這本書的創作過程也是我們三位作者一個極具意義和愉快的經驗，當中我們都經歷了許多歡樂，但也遇過不少困難，就像我們的人生一樣。我們亦深深體會到為理想而付出和努力是通往美好幸福人生的不二法門，正如正向心理學告訴我們的。

在此特別鳴謝張正剛先生協助此書部分內容的資料搜集，深表謝意。

湯國鈞博士

基督教聯合醫務協會聯合情緒健康教育中心主席

尋找快樂

第一章

快樂何處尋

快樂是生命的意義和目的，

是人類生存的終極目標。

~古希臘哲學家亞厘士多德（Aristotle）

決心快快樂樂生活是得到快樂的第一步。

~美國神學家 George Hodges

1. 不快樂的世代

試想像一下：

今早你遲了 15 分鐘起牀，昨晚因趕急預備會議的文件而晚睡了，所以鬧鐘也不能把你喚醒。你連忙以超快的速度梳洗更衣，馬馬虎虎吃過早餐，就飛快趕着出門。可惜跑到巴士站卻目送巴士離開，結果等了 15 分鐘才搭乘下一輛巴士，回到公司已遲了 20 分鐘。幸好，今早的會議延後了 30 分鐘，你慶幸仍能趕及開會，怎料你打開公事包，竟發現因匆忙出門忘了拿有關文件，上司又催促你立即開會，這時你內心的焦慮煩躁幾乎到了失控的地步。你開始胡思亂想，害怕一會兒開會時出醜，或被上司責罵，心情立時沉了下去。

你對以上情景可有共鳴？你可曾有類似經歷呢？

活在這個充滿壓力、焦慮的社會，要快樂起來原來並不容易。

回顧過去，你快樂的日子多，還是不快樂的日子多呢？愉快、正面的情緒對自己影響大些，還是不快、負面的情緒影響更大呢？

近十年來香港經濟似有走下坡的趨勢，許多人的生活壓力愈來愈沉重。經濟低迷，失業人數不斷上升，上班一族擔心飯碗不保，生活擔子確實不輕。同時，家庭問題愈來愈複雜，家庭關係變得疏離，家暴情況亦有上升趨勢。青少年問題近年成為社會的焦點，吸毒、援交等問題日益嚴重。另一邊廂，精神病患者逐年遞增，尤其是焦慮症和抑鬱症的新症數目。我們的社會愈來愈不快樂，這是不爭的事實。

個人方面，很多人都總要與別人比較，特別是以比自己長得漂亮、富有、成功、有地位、年輕、有活力、聰明的人為比較對象，然後自我責備和批評，不期然陷入憂鬱不快樂的圈套裏。既擔憂未來的事，又對過去感到遺憾和怨恨；對所擁有的永不感到滿足，只懂專注於自己沒有的；他們以為快樂是必然的，若不快樂就是「世界末日」了。其實，抱這些心態的人必然不會快樂。

當然，這許多問題背後的成因非常複雜，不能在此詳述，然而有一點可以肯定的是：負面情緒的蔓延只會產生更多問題，失去快樂和正面的情緒經驗叫人失去改變現狀的動力，形成一個惡性循環。因此，學習快樂和掌握正面的情緒並非單單關乎主觀感覺。

若我們告訴你，快樂可以是一種選擇、一個心態、一個習慣，你相信嗎？

近年心理學界非常流行的正向心理學（Positive Psychology），正是指向以上見解，本書將引用大量正向心理學各種理論和研究成果，證明這個立論。此外，正向心理學更明確指出正面情緒可以產生很多出人意外的好處，下文我們將以「快樂的科學」與你對話，希望你也能獲得正向心理學所帶來的啟發和好處。

請記住：學習快樂絕非獲得一種開心的感覺那麼簡單，這可以是改變你人生的一條重要鑰匙！

若你自認是個不快樂或很難快樂起來的人，這本書正是為你而寫。

若你希望令自己更快樂，活得更積極，你會從這本書找到答案。

假如你希望幫助別人更快樂（不論你是專業或業餘的助人者），請你閱讀本書，深信它必能幫助你。

現在，你會繼續看這本書嗎？

香港人，你快樂嗎？

要回答這個問題，不妨先參考以下數據：

- 香港中文大學醫學院香港健康情緒中心及消化疾病研究所，運用隨機抽樣調查方法，於 2009 年透過電話成功訪問了 2,011 位市民，結果發現過去一年，約半成（4%）受訪者患上經常焦慮症，而抑鬱症的患病率更有 12%，推算全港約 20 萬人患有經常焦慮症，接近 60 萬人患有抑鬱症。
- 香港每年約有 1,000 人因不同的原因自殺身亡，每天平均有 2.7 人自殺身亡。近年整體數字雖有下降趨勢，但學生自尋短見的情況卻是不減反升。

- 香港的離婚率近年不斷上升，2006 年更錄得每 100 對新婚夫婦就有超過 34 對離婚的紀錄，離婚數字在 25 年來激增達八倍。
- 家庭暴力的情況令人擔憂。過去數年的虐兒數字增幅為 15.6%，虐偶數字的升幅更達至 90%，以身體虐待的情況最為普遍，性暴力個案亦呈上升趨勢，升幅達 17.7%。
- 快樂指數如何反映香港的情況？英國智庫新經濟基金會在 2009 年 7 月發布的最新排名顯示，香港的地球快樂指數（Happy Planet Index 2.0）在全球排名 84，遠在亞洲其他國家包括新加坡（49）及韓國（68）之後。

數據告訴我們，社會似乎充滿許多不大快樂的人，令人不禁要問：究竟社會哪裏出了問題？

2. 正向心理學與快樂研究

心理學是一門有系統研究人的心理和行為的社會科學，包括很多對快樂或其他正面情緒的理論和研究，特別是近年備受重視的正向心理學對快樂的討論非常深入和全面。每個人都有自己對快樂的見解和經驗，但個人的經歷總有局限，若能參考這方面的科學化理論和研究，定可得到更深入和全面的啟發。

正向心理學是近年心理學界最令人興奮的發展之一，是心理學發展的一個新里程，激發了無數相關研究，探討美好或豐盛人生等主題。到底正向心理學是如何誕生的呢？

正向心理學的出現可追溯至 1998 年美國心理學界的一件大事，就是馬丁・沙利文博士（Dr. Martin Seligman）就任美國心理學會會長。他是知名的心理學教授，任教於美國賓夕凡尼亞大學，早年以研究抑鬱的成因著稱。他認為抑鬱的其中一個主因是學習得來的無助感。八十年代他對訓練樂觀思維可預防和對抗抑鬱這課題深感興趣，並做了大量研究。當他就任心理學會會長時，根據學會的傳統，須於就職禮上發表一篇論文，提出一個嶄新的心理學角度和研究方向。於是就職禮前沙氏與兩位志同道合的學者一起退修，想出了「正向心理學」這個新主題，並於就職典禮上正式發表。

為何正向心理學是創新的主題呢？難道 1998 年之前就沒有對快樂等正面心理的理論和研究嗎？當然不是！譬如被《時代》雜誌稱為「快樂研究之父」的 Ed Diener 就對快樂這題目進行了超過 30 年的研究；而六七十年代大行其道的人文心理學（Humanistic Psychology）也對人的潛能和美好的一面作過不少探討。然而，這些前人的努力都未能匯成一股強大的主流力量，直至沙利文博士和其同儕創立「正向心理學」，我們才看見有關快樂及其他美好人生的心理元素的研究及著作如雨後春筍，並受到學術界以至普羅大眾重視，這正是正向心理學獨特而成功的地方。

3. 本書的主題與特色

本書以快樂為主題，但並非以作者的個人見解或經驗談論快樂人生。**本書對快樂的論述和對尋求快樂的建議，建基於正向心理學的研究成果和理論，有客觀和科學的實證支持**；此外，作者亦加入了臨牀經驗（如心理治療與輔導）及參考其他的理論去寫成，資料可信並具參考價值。

正如同屬這個系列的《抑鬱自療》及《焦慮自療》，本書不只為讀者提供理論的探究，我們希望能夠做到理論與實踐並重，互相補充，令讀者真正能夠了解和掌握快樂之匙。**因此，介紹過每個喜樂祕訣後，我們都會為你提供一些實踐方法和貼士，有助擴闊思考和豐富經驗。**

正向心理學雖然是一門實用的學問，但必須提醒大家，這些都是西方的理論與研究，很多論述都是從西方的精神和文化孕育出來的，未必完全適合套用於中國人社會；因此，我們在書中介紹正向心理學時，會儘量切合**中國文化的特色**，不會盲目跟隨西方的理論，當然在這方面我們仍然需要更多有識之士的討論和研究。

不過，我們要強調心理學絕非萬能，也不是惟一標準。我們相信仍有其他的進路，如文學、哲學、宗教、社會科學等，或是個人的人生經驗，都同樣重要和具參考價值。這本書主要是介紹正向心理學近年在快樂方面的研究和成果，希望從正向心理學或心理學的角度，為讀者在喜樂人生的課題上提供寶貴的啟發和指引。

你預備好去領會和經歷一個活得更快樂和充實的心靈旅程嗎？來吧！讓我們一起出發。

4. 有關快樂的問題

快樂對人生非常重要，但我們對快樂這主題又有否共識呢？你知道以下問題的答案嗎？

- 快樂的定義是什麼？快樂到底包含什麼元素呢？
- 有比快樂更重要的人生目標嗎？這些目標之間的關係又是怎樣的呢？
- 快樂在人生中有多重要？快樂可以帶來什麼好處？
- 我們要擁有什麼條件才可以感到快樂呢？
- 快樂的人與不快樂的人分別在哪裏？
- 人可否擁有恆久不變的快樂？

你對以上問題的答案感興趣嗎？近年正向心理學對這方面作了大量研究，能夠為我們在追求快樂的路上提供實際有效的指引，我們將在本書與你逐一分享。

4.1 快樂的迷思

人人都希望活得快樂，但很多時我們會找錯途徑，墮入迷思；走了很多歪路，浪費時間，仍未能尋到快樂。

許多人以為財富是快樂的代名詞，可以買下自己渴求的東西，得到安全感和社會地位。但這真是快樂的保證嗎？為何我們仍常聽聞富有的人也會抑鬱，甚至自殺呢？金錢換到優質的醫療和保險，但不能確保健康長壽；金錢換到豪華大宅，但不能保證一個溫馨的家；金錢換到服務和優待，但買不到真摯的尊重和友誼。只要你用心細想，不難發現金錢的有限，它絕非快樂的保證。

有不少人相信順意安舒的環境是幸福快樂的條件。只要凡事順利，生活安穩，快樂自然唾手可得。然而，過分依賴環境的快樂，其根基穩固嗎？有誰可保證人生一帆風順，無驚無險呢？即使你絕頂聰明，也難確保失意禍患不找上你；今天即使一切如意，明天難保禍患忽然臨到（例如意外、生病、身邊的人遭遇不幸等等）。人生無常，假如我們將快樂建基於環境際遇，不能保證這快樂可以持久和超越環境限制。

成功可以帶來快樂嗎？很多人非常重視自己的成就，一生努力不懈，追求理想或目標，目標達成帶來的成功感確叫人無比滿足和快樂。然而，你可有經驗過成功過後、歡樂之後的失落和空虛感，發現成功的滋味不外如是呢？甚至驚覺之前付出的努力和代價原來並不值得……當你將成功或成就等同個人價值，或用以換取掌聲的話，更易發現這並非人生中最重要的事情。

後現代社會強調主觀經驗凌駕一切主張，因此許多人認為快樂純粹是個人感覺或做一些令自己開心的事，不必有客觀準則或高深理論，只要自己感到高興就是了。快樂真是如此簡單的嗎？為何世上仍有這麼多不快樂的人呢？你又可想過很多你想做又覺得開心的事，是跟現實矛盾的？又或可能違背道德良知的標準，甚至會傷害別人？再者，現在令你覺得開心的事，長遠來說可能會為你製造更大的不愉快和傷害，例如濫藥、濫交、酗酒等。叫自己開心就可以快樂嗎？恐怕只是許多人不理後果，自我放縱的藉口。

其實，快樂是否應該由心出發？真正的快樂是否應建基於個人成熟的心智和良好的品格，並且超越環境的限制呢？快樂與智慧有何關係？快樂是一種選擇嗎？可以提升嗎？這些都是大家最感興趣的問題。

4.2 快樂多重奏

究竟有幾多詞彙形容快樂呢？開心、愉快、歡樂、喜悅、興奮、愉悅、高興、開懷、歡欣、暢快……我們可以立即想起一大堆形容快樂的字眼，你可有想過，人生到底有幾多種快樂呢？快樂可以有不同層次或種類嗎？快樂雖是某類情緒狀況的統稱，當中卻可包含眾多不同的感受和經驗。正向心理學指出，快樂可以透過不同途徑和經驗去獲取，簡述如下：

獲取快樂最簡單直接的途徑是透過感官，包括視覺、聽覺、味覺、嗅覺與觸覺五官的主觀經驗。感官與生俱來就會對某些東西有明顯喜惡，例如我們對「臭」的嗅覺都大致相同，沒有人會覺得糞便是「香」的（當然，也有例外的情況，例如有人覺得榴槤「香」，有人覺得它「臭」)，喜歡的東西帶來的感官經驗叫我們感到愉快，如食慾和性慾等的滿足，是最簡單直接的愉快經驗。

另一種叫人感到快樂的途徑是慾望需要的滿足。人生而有慾望，這些慾望來自我們的身心需要，需要被滿足時自然會感到愉快；否則，我們會感到匱乏和不愜意。假設你想被人肯定和認同，得到時你的內心會滿足和快樂；但若你遭人否定或拒絕，你就會感到不愉快甚至痛苦了。

第三種快樂是目標達成的快樂。人是極具目標意識的高等動物，我們做任何事都是為了某些理由或想達到某些目標。能夠完成自己的目標，我們會感到滿足或有成功感，很多人生高峰的正面經驗都與達成目標或理想有莫大關係。目標愈重要，達標後得到的快樂滿足自然愈大。

第四種快樂與第三種有一定關係，就是能夠從事或完成你認為有意義和有價值的事情。不管你是否意識到，心底裏你總希望能夠做有意義和價值的事，過有意義和有價值的人生，這是帶來無比快樂滿足的不二法門。

最後，能夠發揮自己的潛能和活出真我也是獲取快樂的重要一環，許多人甚至視此為快樂的最高層次。每個人都希望能夠認識並活出真我，充分利用上天賦予的潛能，加以發揮，完成獨一無二的人生。古人說：「天生我才必有用」，每個人都擁有獨特的潛能，希望發掘和發揮，為己為人帶來極大的幸福和快樂，這些潛能可以成為你事業中的重要元素，也可以表現在你的興趣上。

上文談論快樂的不同層次，官能上的刺激和滿足是最低的層次，雖然它對我們也非常重要。但若希望獲取完滿的快樂，我們就不能單單依賴這個層次的經驗。當然，愈高層次的快樂可能需要愈多努力和代價去換取，並且不同層次的快樂有時會互相矛盾，造成內心衝突；若想達成理想或目標往往需要付出很大的努力，或要放棄一些簡單直接的享受。當你要完成一件艱巨的工作（如寫作），必須放棄很多休閒和娛樂；兩者難以兼得的情況下，你必須作出取捨，做成熟有智慧的抉擇，才能確保真正持久的快樂。

你快樂嗎？

你可能很想知道自己是否一個快樂的人，有關快樂的心理問卷，各式各樣。我們綜合了不同問卷的內容，讓你自我評估，你的答案愈多「是」，愈少「否」，代表你愈有可能是個快樂的人（請注意：這並非一份標準化的心理量表，只供個人參考之用）：

	是	否
1. 我對現在生活各方面都感到滿意。	□	□
2. 我感到人生是美好的。	□	□
3. 我經常歡笑。	□	□

4. 我很會為自己所經歷的感恩。	☐	☐
5. 我經常感到活力充沛。	☐	☐
6. 我享受生活。	☐	☐
7. 我對周圍的事和人都極感興趣。	☐	☐
8. 我對將來感到樂觀。	☐	☐
9. 我有明確的人生目標和意義。	☐	☐
10. 我很易對人感到友善和喜愛。	☐	☐
11. 大體上我感到滿足。	☐	☐
12. 我所期望的大多都能達到。	☐	☐
13. 回望過去，我很少感到遺憾。	☐	☐

資料來源：Diener, E., et. al. (1985). *Satisfaction with Life Scale*. Authentic Happiness Inventory Questionnaire. Retrived from www.authentichappiness.com, 14 January 2009.

話你知

與快樂有關的心理評估

正向心理學其中一個極大的貢獻，就是研製出不少有用的正向心理量表，都是經驗證為可靠準確的標準化評估工具（當然它們大部分都是依賴西方白人的樣本，對其他文化和族裔的適切性仍有待進一步研究和證實），有興趣的讀者可登入正向心理學的網站 www.authentichappiness.com，這網站有三種語言版本，包括英文、中文和西班牙文，讀者可以在網上填寫不同的正向心理問卷，然後即時知道答案，其中包括感恩、樂觀、生活滿足感、正面關係等心理量表。

這確是一個非常科學化而實用的自我評估方法，可助你了解自己的正向心理狀況，看看自己的強項優點在哪裏，哪些方面可能需要改善，很值得你花時間來探討一下。

第二章

揭開快樂的面紗

快樂的心猶如一劑良藥，破碎的心卻吸盡骨髓。

~ 古以色列國王所羅門（Solomon）

一陣爽朗的笑，猶如滿室黃金一樣引人注目。

~ 法國作家福樓拜 Gustave Flaubert

1. 引言

自有文明以來，人類對幸福和快樂就有很多不同見解。古希臘哲學家阿里士多德（Aristotle）相信，幸福美好的人生（Eudaimonia）和快樂（Happiness）建基於人對價值和意義的追求，即是做有價值的事，活出真我。中國儒家孔孟的思想則強調個人修養，人應不斷修煉和發揮自己的心性與德行，並對家國克盡己任，有所貢獻，共建理想社會。另一個影響東方文化至深的佛家思想，認為快樂和幸福有賴個人的醒覺或覺悟，看透人間苦痛的根源，領悟超越痛苦的方法。佛家認為，惟有透過入正道，達至涅槃無我無相的境界，個人才能從產生痛苦的慾望中解脱出來。

道家思想也是滲透中國文化的哲學系統，老子的《道德經》和莊子的思想對現代中西文化都有重大影響。道家思想強調「自然」、「人法地，地法天；天法道，道法自然」。反對人為不必要的干預和限制，天地之間有賴陰陽平衡，所以凡事應講求陰陽正反的調和，不應走向極端，好壞只是個人的主觀判斷，非事物的真相。所以，真正的快樂就是順應天道和自然，不矯揉造作，才是最好。

話你知

快樂的文化差異

被《時代雜誌》稱為「快樂研究之父」的美國伊利諾州大學教授 Dr. Ed Diener，他的研究顯示快樂其實有兩個基本元素：感受方面（affective）和認知方面（cognitive）。[1] 感受方面指一切正面情緒的總和，例如歡樂、滿足、喜樂等；而認知方面則指對整個人生的自我評價，包括婚姻、工作和人際關係，都有正面的評價和高度滿足感。

有趣的是：研究發現在西方較個人的社會裏，這兩種快樂元素的相關係數頗高，約為 0.5；但在東方較強調集體的社會中，兩者的相關係數則只有 0.2，顯示主觀的正面情緒不一定與生活滿足感扯上關係。也許在重集體的東方文化中，我們對生活的滿足感須要考慮到別人的感受和幸福感，以致個人主觀感受佔一個較不重要的位置吧！

2. 正向心理學的見解

東西方的哲學思想對我們認識快樂和幸福都有很重要的啟發，所以近代許多流行思潮都嘗試融會東西文化的精粹，互補不足。那麼，正向心理學如何理解快樂和幸福呢？

曾有學者和心理學家（如 Lyubomirsky 和 Sheldon）將快樂定義為：[2]

(經常的正面情緒 + 高度生活滿足感) − 負面情緒 = 快樂

在這個定義下，快樂可稱為主觀的幸福感（subjective well-being），是當事人的主觀判斷，自覺快樂和滿足就等如幸福。

然而，這個定義明顯有不足之處，大部分正向心理學家並不以為主觀的快樂就代表活得美好和幸福（enjoying well-being or a life well-lived），活得美好和幸福不應單依靠主觀愉快的感覺，更應包含價值和意義等重要元素，所以不少正向心理學家（如沙利文和 Snyder）都贊同以下定義，才是活得美好和幸福。[3]

快樂（happiness）+ 意義（meaning）= 幸福（well-being）

意思是美好幸福的人生不單只是為了追求快樂，更要具備意義；沒有意義的生活，即使你自覺活得愉快，也不是真正的幸福。Ed Diener 最新的觀點也認為，真正的快樂必須包含歡樂（pleasure）、滿足感（satisfaction）和生活意義（life meaning）。[4]

當然，怎樣才算是具備意義的人生，是個值得商榷的課題。沙利文就提出，愉快而有意義的人生在乎我們能否發掘並運用自己的優點與長處，投身於有價值的目標和事情上（通常這些目標對己和對人都是有益的）。(詳見第九章)

若從個人心理的層面了解如何活得美好和幸福，有兩位學者 Ryff 和

Keyes 的看法更全面，他們認為若要達致真正的快樂和幸福，應具備以下三方面的健康：情緒健康（emotional well-being）、社交健康（social well-being）和心理健康（psychological well-being），[5] 詳情如下：

情緒健康 + 社交健康 + 心理健康 = 幸福快樂

（1）**情緒健康**：

- 正面情緒（positive affect）：經驗到喜樂、愉快、熱誠等正面情緒。
- 負面情緒（negative affect）：儘量減少負面的情緒，例如灰心、沮喪、焦慮等。
- 生活滿意感（life satisfaction）：大部分主要的需要和渴求都得到滿足，對自己的生活頗為滿意。
- 快樂：一般來説感到快樂和開心。

（2）**社交健康**：

- 社交接納（social acceptance）：縱然人的行為有時可以很複雜，但仍對人抱正面信任的態度。
- 社會實現（social actualization）：關心社會，相信社會是進步的，有發展潛質，可以變得更好。
- 社會貢獻（social contribution）：覺得自己可以貢獻社會，認為自己做的事情是被肯定的。
- 社會凝聚（social coherence）：感到這個社會是正面和有意義的，投入社會的事情。
- 社會共融（social integration）：感到自己是社會的一分子，與其他人有共同的目標和利益。

（3）**心理健康**：

- 自我接納（self-acceptance）：對自我肯定，抱正面的自我形象，接納自己的過去和自我的複雜性。
- 個人成長（personal growth）：感到人生是不斷的學習和成長，發揮潛能，不斷地進步和成熟。
- 生活意義（purpose in life）：對生活有清楚的目標和意義，感到過去是有價值的，抱正面積極的人生信念。
- 掌握環境（environmental mastery）：感到自己能夠掌控現實環境，為自己創造適切的現實條件。
- 獨立自主（autonomy）：自我控制力強，不易受別人影響，有自決能力。
- 正面人際關係（positive relations with others）：能夠建立正面、親密、互信的關係，真心關心別人，富同情心和親切感，在關係中實踐施與受。

我們頗認同兩位學者這套全人健康的理論，只是在這之外第四種健康——**靈性健康（spiritual well-being）**也非常重要，無數的理論和研究都已指出這點。本書第九章會深入探討意義與靈性這個重要課題。

情緒健康 + 社交健康 + 心理健康 + 靈性健康 = 幸福

總括而言，美好和幸福的人生，不單要擁有快樂，還包括活得有意義和健康。

3. 兩種不同的快樂

沙利文在他的著作《真實的快樂》(*Authentic Happiness*) 中指出，[6] 主觀的快樂經驗起碼可分為兩大類：**第一類稱為歡樂 (pleasure)**，直接從官能感覺中攝取，例如享受美味食品、性愛歡樂、影視娛樂、運動刺激等。這種快樂通常不需要我們付出太大努力就能獲取，但不能長久，當活動完了，那種愉快感覺很快就消失；如果持續刺激自己的感官，那種歡樂的感覺更可能會迅速減弱，甚至令人感到麻木或厭倦！假設，你很喜歡吃漢堡飽，當吃第一二個時，你會感到非常滿足、愉快，但當你繼續吃下去，相信很快就會感到這是一種折磨，毫無快樂可言了！其他的官能刺激活動也是如此。所以，心理學家建議我們將這類活動分散，不要密集式去做，否則只會產生反效果。

沙利文指出第二類快樂是滿足感 (gratification)，與第一種快樂不同，滿足感代表你有意識地付出，為所定的目標努力，付出的過程中或達標時所獲取的愉快滿足感覺，就是沙利文所指的第二種快樂（我們稱之為內心的喜悅）。英國《太陽報》曾舉辦一個徵文活動，詢問讀者什麼是世上最快樂的人，在八萬多封來信中，評判團最後選取了四個最佳答案，它們分別是：

- 為初生嬰孩洗澡的母親
- 欣賞剛完成作品的藝術家

- 在沙灘上堆砌城堡的孩子
- 在手術室剛挽救了病人生命的外科醫生

雖然這個調查並非一個科學研究，卻很吻合上述所談的第二類快樂——滿足感。是的，很多時當我們全身投入一個目標或一項活動時，在付出過後細心欣賞回味自己的成果，的確有一種難以形容的滿足。這種快樂與第一種享樂式的快樂不同，往往可以維持很久，引起的內心迴響也特別深刻，可以觸動心靈深處某些渴求和需要，真是一種很有意思的感覺。

若然我們細心比較上述兩種快樂，不難發現享樂是我們本性裏自然會喜歡的感覺，因它可以給我們的感官帶來直接的刺激，亦不須要付出太大代價。難怪不少人只着眼及沉迷於這種快樂，極端的甚至變成「享樂主義」。可是，當你沉迷其中時，你能否獲得持久的快樂呢？官能的刺激過後，快感也隨即消失；愈是不斷重複這種活動，那快感亦會愈快減退。我們不能單靠這種途徑來獲得快樂。所以，正向心理學的研究結論多鼓勵人不單去追求享樂式的快樂，更要追求必須付出努力才獲取的滿足和喜悦，因這種滿足式的快樂更持久，且更具意義。**本書介紹的各種快樂途徑亦多屬這類經驗，就是透過我們的思想、心態、信念、情感、目標、行為和關係的改變來達致快樂。**

4. 愉快情緒的妙處

快樂雖然是大多數人追求的目標，除了令人感覺良好外，有沒有科學研究能證明，快樂的確可帶來實質好處呢？過去半個世紀的心理學研究為我們提供不少證據，[7,8] 證明快樂的人可享有很多益處，綜合來說，這些益處包括：

- 快樂的人婚姻較美滿，較少離婚；
- 快樂的人有較親密的人際關係，較強的社會支援網絡；
- 快樂的人工作表現較佳，更有活力和投入參與；
- 快樂的人更易有樂而忘我的經驗；
- 快樂的人較具自制力和應付問題的能力；
- 快樂的人更為人設想和樂於助人；
- 快樂的人有較佳的身體健康和免疫能力，甚至壽命較長。

無可否認，從人類生存的角度來看，正面情緒和負面情緒各有其功用和價值。負面情緒，例如驚慌或憤怒等，往往提示威脅或危險存在，幫助我們及時自衛；而正面情緒則反映一些令人開心或滿意的情況。專門研究正面情緒的美國密西根大學教授 Barbara Fredrickson 在其著作 *Positivity: Groundbreaking Research Reveals How to Embrace the Hidden Strength of Positive Emotions, Overcome Negativity, and Thrive* 指出，正面的思維和情緒是幸福人生的基石；相反，若我們容許負面的思維和情緒充塞心靈，人生也一定不會好過。Fredrickson是一位嚴謹的學者，她在書中引用了大量研究來證明以上論點，分析非常具説服力。Fredrickson創立了一套心理學理論去詮釋正面情緒的好處，稱為「正面情緒的擴展與建立理論」(Broaden-and-build theory of positive emotions)，認定正面情緒對個人成長和發展極為重要。簡言之，正面情緒可以擴展我們的思想和行動，使我們更敏鋭於新思維和創意活動，進而建立持久的個人心理資源(psychological resources)，例如創造力、社交支持、解難能力等，有助我們有效適應生活，甚至面對逆境。

4.1 正面情緒循環

事實上，已有無數心理實驗證明正面情緒的效用。心理學家運用不同的方法去引發受試者的正面情緒，包括觀看喜劇、接受禮物、重複正面句子、回憶愉快經驗等，而這些實驗都能帶動受試者更廣闊的視野和關注，進而產生更具創意和靈活的思維和行動。例如一個非常有趣的實驗顯示，當受試者因情緒緊張而引發心跳加速，若他們觀看一齣愉快的電影短片，心跳較快回復正常。另一個研究顯示，正面情緒使人更有創意，更能解決問題，繼而使人產生更多正面情緒，成為一個正面的循環。[9]

總的來説，正面情緒可產生以下的正面循環：[10]

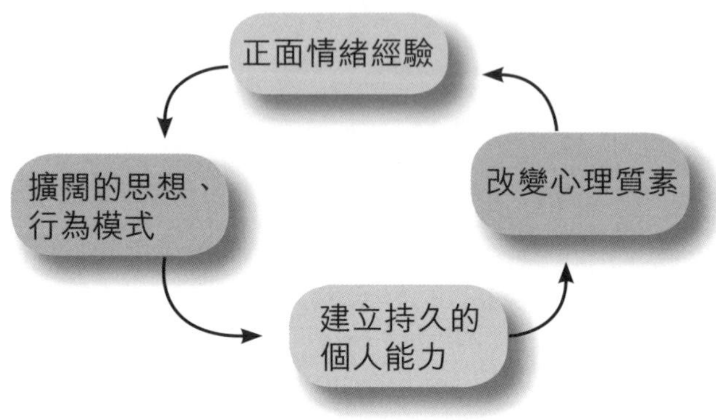

還有一個很重要的研究指出，假使一個人的正面情緒和負面情緒的比例大於 3 比 1，(即正面情緒出現次數的比例較高)，那人很有機會是一個心理健康的人。[11] 這說明現實中我們即使有負面情緒，只要多經歷正面情緒，仍可做個心理健康的人。相反，抑鬱的人負面情緒與正面情緒的比例通常是 1 比 1 或更大，可見擁有正面情緒經驗的重要。

正面情緒的實驗

心理學家 Fredrickson 是研究正面情緒的權威。她曾做過一個頗有趣的實驗，目的是測試正面情緒會否影響人的選擇和行為。[12] 受試者首先分成五組，分別觀看引起不同情緒的短片，這五種情緒包括歡樂、滿足、憤怒、驚慌和中立的情緒。之後受試者要儘量列出此刻他們想做的事情，結果發現經驗歡樂和滿足情緒的組別，相對其他組別，會列舉出更多想到會做的事情；相反，負面情緒組別所列舉想做的事情最少，這證明正面情緒可令人更有動力去做選擇和採取行動，而負面情緒則剛剛相反。

4.2 快樂令你更健康長壽

快樂可以令人更長壽？這個説法聽起來似乎有些不可思議！但的而且確有證據顯示這並非天方夜談。美國有一個研究將 180 名修女年輕時寫的自傳作出分析，得出驚人的發現：最愉快的修女中，九成超過 85 歲，而最不愉快的修女，只有三成左右能這樣長壽。[13]

另一個研究翻查超過 800 位病人 40 年前的記錄，發現樂觀的病人較悲觀者長壽 19%。[14]

最後要介紹的研究是對 2,000 名年齡超過 65 歲的老人做的調查，結果發現這些老人兩年後的生存率和自立能力與正面的情緒相關。當計算了年齡、社會經濟地位和健康情況等因素的影響後，快樂的老人較不快樂的老人仍多兩倍的機會存活和保持獨立自主能力。[15]

由此可見，正面情緒的確是我們身體保持健康和長壽的一個重要因素，證明身體和情緒（心理）的而且確有着密切互動的關係。

話你知

國家快樂指數

根據英國萊斯特大學2006年公布的研究「世界快樂地圖」(World Map of Happiness)，不丹全球排名第八。不丹被稱為「喜馬拉雅山下的香格里拉」，人均國民所得僅1,400美元，但其快樂排名卻比人均收入31,500美元的日本高出八十名，也比41,800美元的美國高出九名，可見一個國家的經濟實力與國民的快樂並沒有必然關係。

事實上，國家快樂指數較傳統的經濟指標（如國民生產總值）更多元化地顯示一個社會的特色，尤其當環境污染、全球暖化等問題已成為各國政府以至普羅市民的關注點，我們實在須要反思何謂真正的「進步」、「繁榮」？究竟現代文明是否就等如過度物質主義、消費文化、金融炒作？我們還可以加上人文精神及身心健康作為其他選擇嗎？

法國政府在2009年提出考慮在國民生產總值外加上國民快樂指數為國力的參考，無疑為十多年前心理學界所提倡的類似概念踏出重要的一步。無獨有偶，同年7月英國智庫新經濟基金發表新一代的快樂指數，其計算方法包含了生活滿意度及該地對地球的損耗等，實在值得各國政府與市民反思。回望自己的國家，或許這嶄新的快樂指數可在一大堆起飛的經濟指標之外，為「中國不快樂」提供另一層次的解讀吧！

5. 哪些人比較快樂？

有哪些個人條件會帶來多一點快樂呢？到底有錢人是否比較快樂？Ed Diener 在這方面做了大量研究，綜合出來的結論如下：[16]

(1) 財富

富裕國家的人民一般比貧窮國家的人民快樂，在富裕國家中，富有的人比一般人稍為快樂。但國民生產力的提升並不代表會多添快樂，例如美國過去五十年的財富增加了一倍，但美國人總體的快樂並無增加！而且，根據一項調查顯示，雖然歐洲人的收入比美國人約低 30%，但他們的快樂程度高於美國人。美國人的工作時間遠多於歐洲人，後者會花更多金錢和時間於度假、福利享受和精神消費上去。亦有研究指出，那些視賺錢為最重要人生目標的人，較一般人更不快樂和滿足！這研究結果的確值得我們深思，到底金錢在我們的人生中應佔一個什麼位置呢？

(2) 婚姻狀況

研究指出：已婚人士一般來說較離婚或單身的人快樂。不過，留在不愉快婚姻的人卻是最不快樂的！有證據顯示，較開心的人獲得美滿婚姻的機會亦較高。有一個有趣的研究，分析一班大學畢業女生的畢業照，笑容較燦爛的女大學生在若干年後，較能得到美滿的婚姻和美好的生活，而這與她們是否擁有美貌則沒有任何關係。可見，快樂的人的確可以擁有較多美好的東西！

(3) 社交活動

友誼和社交生活對快樂的影響有多大呢？研究顯示，快樂的人大多都有親密的關係和活躍的社交生活。有一項對大學生的調查發現，最快樂的一成人都擁有一個共同特色：他們都有活躍的社交生活，會投資相當的時間去建立並維繫親密的友誼，並且能夠向密友傾心吐意，建立深厚的感情。

再者，有證據顯示與人建立和諧合作的關係，相對於競爭性的關係，更能提升你的快樂。若然別人有恩惠於你，你最好找機會去回報，這就能造就互惠互利的雙贏關係。

(4) 健康狀況

是否健康的人才擁有快樂呢？不一定！研究指出，我們對自己健康的滿意程度往往比客觀健康情況更影響我們的情緒。另一方面，愉快的情緒亦可提升我們對身體痛楚的承受力。而快樂的人免疫能力也較強。

另一方面，經常運動有助腦部分泌多些可增加愉快情緒的物質內啡呔（endorphin），長遠來說，加強心肺功能，減少焦慮和抑鬱的情緒，增強工作的效率、改善我們的自我形象。

(5) 教育程度與工作

調查發現，教育程度較高的人士較快樂，而專業和技術勞工較非技術勞工快樂。如果你的職業能配合和發揮所長和興趣，又給你相當的自主權，上述結論更為可靠。

(6) 娛樂活動

娛樂和消閒活動都可帶來短期的歡樂，特別有益的是團體性的娛樂活動，例如旅行、運動、音樂等活動，因這些活動不單帶來歡樂和鬆弛，還可增進共同嗜好者之間的友誼，滿足我們社交上的需要。

(7) 遺傳因素

一般研究顯示，約 50% 的個人性格受先天遺傳因素所決定。每個人都有與生俱來的脾性，活潑開朗的小孩長大後大多是性格外向的人，這與正面情緒有一定關連。相反，容易緊張發怒的小孩長大後則較易焦慮和抑鬱。似乎，我們每個人都有一個天生的情緒係數，決定我們長大後的情緒幅度，當然這幅度亦會受後天和其他因素影響，如現實環境和支持系統等。

(8) 後天成長因素

雖然先天遺傳因素決定了我們約一半的情緒幅度，但後天成長因素也佔一個重要的位置。研究指出，我們的樂觀程度，自信和自控感等性格特徵都是與情緒掛鉤的。後天因素，特別是家庭環境，直接影響這些性格特徵的形成。一般來說，樂觀的父母容易培育樂觀的小孩，而對孩子的關愛和適當的管教最能培養自信和自控感強的孩子，親子關係始終是影響孩子性格成長最重要的因素。

話你知

遺傳因子的研究

明尼蘇達州大學教授 David Lykken 是行為遺傳學專家，在一個名為「快樂孿生兒」的研究中，[17] 他的研究團隊收集了數百對同卵和非同卵孿生兒的快樂指數與資料，他們有些是在同一家庭中長大的，有些則是在不同的家庭中成長。研究結果發現，不論他們是否在同一個家庭中長大，同卵孿生兒的快樂指數最為相似，其次是非同卵孿生兒，最不相似的是父母之間的快樂指數。這個研究顯示遺傳因子對個人的正面情緒影響有多大。

6. 快樂自選台

相信大家都很關心一個問題：到底快樂是否可以隨意加減的呢？一個人對自己的快樂指數有多大程度的自主呢？心理學對這個問題出現兩派說法。悲觀的論點認為，由於情緒很大程度上是先天遺傳因子決定，因此每個人的快樂幅度有一定的限制，這在孿生兒的研究中可見一斑，他們的情緒相似程度可高至 50-80%。每個人都似乎有一個固定的情緒幅度，不容易受環境因素影響。心理學家發現，我們的情緒就像跑步機（Hedonic Treadmill），任何改變都不過是短暫的，經過調整之後，會回到原初的水平。有調查顯示，中了彩票的人在一年之後並不比沒中彩票的人快樂。[18] 另一個悲觀的原因是快樂是與個人性格有關，而性格本身是不容易改變的，例如憂鬱和焦慮的性格。

心理學另一派的主張則認為，快樂是可以提升和改變的，這也較接近正向心理學的立場。正向心理學指出，決定持久快樂的指數（enduring happiness level）有三個重要因素：天生幅度（set range），環境（environment），和自主活動（voluntary activities）。

天生幅度 50% ＋環境 10% ＋自主活動 40% ＝持久快樂指數 100%

現代的腦神經科學的確為我們提供了證據，證明我們的情緒反應和性格很大程度上是由大腦的活動所控制，而後者是與我們的遺傳因子有關。所以，在孿生兒的研究中，單卵細胞的孿生兒比雙卵細胞的孿生兒有更相似的快樂指數。但遺傳因素只是決定一個人的情緒幅度，到底他的正面情緒是處於幅度的上限還是下限，則要視乎其餘兩項因素了。一般而言，心理學家相信天生的情緒幅度約佔整體情緒變化的 50%，而環境因素就只佔 10%，餘下的 40% 屬於個人自主活動的。

環境因素是指個人生活中相對穩定的因素，例如國籍、種族、年齡、性別等成長環境，和個人歷史因素，例如童年經歷、婚姻狀況、工作環境、收入和健康狀況等。驟眼看來，這些環境因素對情緒指數佔的比重應該是較重的，但研究結果卻指出，可能因我們適應環境的本能，當事情過了一段時間之後，我們便會回復到自身的情緒水平了。因此，雖然我們可以因環境的轉變（例如升職、結婚等）情緒得到改善，但若我們缺乏健康的心理和成熟的性格，這些效果不一定會長久。

現在我們要談談第三個決定因素：自主活動。這個範疇包括任何我們在日常生活中所想和所做的事情。人類是有高等智慧的生物，我們可以有意識地選擇自己的活動，並且致力去完成目標，而這些自主活動很有機會影響個人情緒。

自主活動在三方面影響我們的情緒：思想方面，例如我們可以建立積極的信念，改變自己對事件的詮釋等；意志方面，決定投身有價值意義的目標；行動方面，包括一切自己所做的事情。

一個明顯支持自主活動可以提升快樂指數的重要證據，來自成長課程和心理治療的成效。通過自我認識和自我改變的技巧訓練，很多人都可達致改善情緒狀況的顯著成效，這是無可置疑的事實。我們在多年的臨牀經驗中，見證此話不虛：很多情緒病患者接受過心理治療後，都能改變自己悲觀的想法和消極的行為，從而增加正面情緒的能力。

另外，有心理學研究指出，**當我們持續追求符合個人需要和利益的目標時，我們的滿足感和正面情緒會提升**。心理學家 Sheldon 和 Lyubomirsky 的研究發現，相對於正面的環境轉變，積極的自主活動長遠來說更能維持我們的愉快感和滿足感，而所引發的正面情緒相對於環境轉變所引發的會更持久。[2]

6.1 快樂是你的選擇

總的來說，一個人是否快樂受很多因素影響，但至少有四成與個人的選擇和行動有關，這就像半杯水的故事，到底這個是好消息還是壞消息，在乎你的選擇！

我們相信（這也是正向心理學的信息），不論一個人現在的快樂指數如何，他都有潛能和機會去令自己活得更快樂，希望你現在就開始尋找可以叫自己更快樂的途徑。本書餘下部分，會為你逐一介紹有理論和研究證據基礎的喜樂祕訣，無數人都體驗過它們的功效和好處。當然，每個人都是獨特的，你可能發現某些喜樂祕訣對你來說較另一些有效，這絕不為奇，哪些是最有效的快樂途徑視乎你的背景、成長經驗、性格，甚至是遺傳因子。因此，**我們建議你要抉擇或試驗哪些喜樂途徑對你來說是奏效，以實際經驗作最後裁判**。漸漸地你便可設計一套最適合你個人的快樂祕笈，進行一生的喜樂工程，為自己開創更美好的人生。

6.2 快樂是一種陷阱？

心理學家 Russ Harris 在他的著作《快樂是一種陷阱》（*The Happiness Trap*）中以精闢的見解提醒我們，[19] 過分強調追求快樂，甚至以此為人生惟一目標，可能是一種「災難」，結果適得其反，真正的快樂會離你更遠。Harris 基於近年頗流行的「接納與投身療法」（Acceptance and Commitment Therapy, 簡稱 ACT）的理論，認為人心靈的痛苦大多源於人性中對苦痛感覺的抗拒與逃避，和過分追求短暫多變的快樂。他列出四種會為一般人設下「快樂陷阱」的謬誤想法，包括：

謬誤一：對所有人而言快樂都是自然的狀態。

但事實卻不然，統計顯示，社會上高達十分之一的人會嘗試自殺；五分之一有抑鬱症，而人一生中罹患某種精神病的機率將近百分之三十！故此抱這種想法的人是過分天真，這種想法只會令自己更不快樂。

謬誤二：如果你不快樂，表示你有問題。

ACT 持相反的意見，認為不快樂或苦痛是人生常事，是正常的現象，因人生本就有苦有樂，心情的變化起跌本是平常，不表示你有心理問題。ACT 相信接納自己所有的經驗，包括正面和負面的情緒，乃健康人生的基石。

謬誤三：必須去除負面感覺，才能創造更美好的人生。

ACT 的看法是：若你不預備接受不愉快的負面感覺，那你不可能創造美好的人生。你不是去除這些感覺，而是安然接納這些感覺，不必要用「正面」去取代「負面」感覺，接受這些感覺是生活中不能刪除的部分，如在親密關係中必然有甜蜜美好的感覺，但也有失望挫敗的感覺，這才是真實的人生。

謬誤四：你應該能控制自己的想法與感覺。

事實上我們對自己的想法和感覺的控制力並非如自己想像中大，這可能是一廂情願的看法。思維活動和感覺很多時是非自主的，自然地出現於腦海中，有時愈想控制可能愈不受控制，因此接納的做法可能比控制更為實際和有效，不接納而過於想控制或改變自己感覺其實是自尋煩惱，往往造成更大的不快樂和情緒問題。

因此，ACT 的理論認為，快樂的陷阱就是為了尋求快樂而逃避或壓抑負面的感受，但問題是愈這樣做就愈引發不好的感覺。你不妨反思一下自己的經驗，看看是否同意以上論述。

6.3 快樂與苦痛並存

這是本論述快樂的書，但探討和研究快樂和正面的心理並不表示人生就盡是美好，若你壓抑所有痛苦或不愉快的情緒，這只是自欺欺人的心態，並不真的能令你快樂無憂。正向心理學的焦點是研究正面美好的心理狀況，但就像錢幣的兩面，人生的另一面——苦痛負面的經驗，是我們不能也不應逃避的，我們仍須運用勇氣和智慧去面對，心理輔導和治療的理論與方法在這方面頗為有用，「健康情緒自助系列」首兩本《抑鬱自療》和《焦慮自療》就是針對負面情緒而寫的。**我們相信，單單追求快樂，逃避面對和拒絕接受人生的苦痛是愚不可及的做法，只會帶來短暫的滿足而非持久的快樂。美好的人生是在追求快樂和理想的同時亦可承載和轉化負面痛苦的經驗，這才是一個整全真實的人生。**

註釋

1. Diener, E., Lucas, R., & Oishi, S. (2002). Subjective well-being. In Snyder, C. R., & Lopez, S. J. (Eds.). *Handbook of Positive Psychology* (pp. 63-73). New York: Oxford University Press.
2. Lyubomirsky, S., Sheldon, K. M., & Sckade, D. (2005). Pursuing happiness: The architecture of sustainable change. *Review of General Psychology, 9* (2), 111-131.
3. Snyder, C. R., & Lopez, S. J. (Eds.) (2006). *Positive Psychology: The Scientific and Practical Explorations of Human Strengths.* Thousand Oaks, Calif.: Sage Pub. Co.
4. Diener, E., & Biswas-Diener, R. (2008). *Happiness: Unlocking the Mysteries of Psychological Wealth.* Malden, MA; Oxford: Wiley-Blackwell.
5. Ryff, C. D., & Keyes, C. L. M. (1995). The structure of psychological well-being revisited. *Journal of Personality and Social Psychology, 57,* 1069-1081.
6. Seligman, M. E. P. (2002). *Authentic Happiness: Using the New Positive Psychology to Realize Your Potential for Lasting Fulfillment.* New York: Free Press.
7. Lyubomirsky, S. (2008). *The How of Happiness: A Scientific Approach to Getting the Life You Want.* New York: The Penguin Press.
8. Fredrickson, B. L. (2009). *Positivity.* New York: Crown Publishers.
9. Fredrickson, B. L. (2002). Positive emotions. In Snyder, C. R. & Lopez, S. J. (Eds.) *Handbook of Positive Psychology* (pp. 120-134). New York: Oxford University Press.
10. Frederickson, B. L., & Joiner, T. (2002). Positive emotions trigger upward spirals toward emotional well-being. *Psychological Science, 13* (2), 172-175.
11. Fredrickson, B. L., & Losada, M. F. (2005). Positive affect and the complex dynamics of human flourishing. *American Psychologist, 60,* 678-686.
12. Fredrickson, B. L. (2000). Cultivating positive emotions to optimize health and well-being. *Prevention and Treatment,* 3. Retrieved from http://journal.apa.org/prevention. Jan. 20, 2003.
13. Danner, D. D., Snowdon, D. A., & Frissen, W. V. (2001). Positive emotions in early life and longevity: Findings from the nun study. *Journal of Personality and Social Psychology, 80* (5), 804-813.

14. Marunta, T., Colligan, R., Malinchoc, M., & Offord, K. (2000). Optimists vs. pessimists: Survival rate among medical patients over a 30 year period. *Mayo Clinic Proceedings, 75,* 140-143.

15. Ostir, G., Markides, K., Black, S., & Goodwin, J. (2000). Emotional well-being predicts subsequent functional independence and survival. *Journal of the American Geriatrics Society, 48,* 473-478.

16. Diener, E. & Biswas-Diener, R. (2008). *Happiness: Unlocking the Mysteries of Psychological Wealth.* Malden, MA; Oxford: Wiley-Blackwell.

17. Lykken, D., & Tellegn, A. (1996). Happiness is a stochastic phenomenon. *Psychological Science, 7,* 186-189.

18. Brickman, P., Coates, D., & Janoff-Bulman, R. (1978). Lottery winners and accident victims: Is happiness relative? *Journal of Personality and Social Psychology, 66,* 199-214.

19. 羅斯・哈里斯著，張美惠譯（2009）:《快樂是一種陷阱》。台北：張老師文化。

我們將各種喜樂途徑分為兩類，分別置於基建篇及開展篇。

基建篇是個人要達致持久快樂所需的心理質素和基本態度，包括：思維、心態、生活及品格四方面。這些都是建立美好人生所需的心理條件和習慣，也是個人可以建立和持守的基本心態。我們將會逐一介紹和探討，並提出具體可行的訓練方法，助你建立這些正面的心理習慣和良好態度。

喜樂的祕訣：
基建篇

第三章

喜樂思想：積極和樂觀

樂觀的人認為危機中充滿機遇；悲觀的人則認為機遇中滿布危機。

~ 英國政治家邱吉爾（Winston Chruchill）

堅守信念和懷着熱誠做人，才能活得有意義。

~ 美國法學家 Oliver Wendell Holmes, Jr.

1. 負面思想：不快樂的元兇

無數的正向心理學研究歸納出：第一個喜樂的祕訣，就是積極樂觀的思維模式。若想明白這點，先要了解思想對你的重要性。一個不變的事實是：有怎樣的想法，就會有怎樣的心情，某程度上就會有怎樣的人生。你的想法直接影響你的心情或情緒，很多人活得不開心，很大程度上是受負面的思想習慣所累。相反，積極樂觀的思想可以叫人活得開心和精彩，思想模式的轉變甚至可以帶來心情以至整個人生莫大的改變。

舉個例，假如你習慣悲觀地看待事情，容易為遇到的困難而憂心忡忡；遇上身體抱恙，感到不適，你便習慣胡思亂想，惟恐身染絕症，但又因害怕不幸猜中，一直不敢去看醫生或做身體檢查，結果你的憂慮無法化解，漸漸損壞身心健康。

又如你一向對人抱不信任的態度，總是猜疑對方有不軌企圖和動機，以致經常對同事提高防範，處處步步為營，不以真心待人，或疑神疑鬼，猜測別人對你不利。那你自然很難融入團隊之中，發揮團隊精神，與同事的關係定必大打折扣，難於合作；上司看在眼裏也會對你作出負面評價，直接影響你的事業發展或晉升機會，這都可能是負面思想模式造成的惡果。

當然，你可以反駁：你的負面想法也非全無根據，小心憂慮也有正面的價值，所謂「防患於未然」、「小心駛得萬年船」。不錯，小心謹慎確有好處，但心理學及心理治療發現，**許多情緒病或情緒困擾都源於過分的負**

面思想模式。當情緒病患者透過心理治療或心理自助改變了負面思想模式後，情緒健康也得以大大改善，這些研究結果支持了認知治療（心理治療的一個主流，主力改變思想）的成效。

為什麼人會有這些負面的思想模式呢？原因非常複雜，包括遺傳因子、家庭背景、童年經驗、性格特徵和人生際遇等等，不能在此詳述，不過其中一個關連重大的因素，就是想法背後的期望或要求。我們對己對人對事有所期望是正常的，可惜許多時這些期望超乎合理和應有的水平，變成固執的要求，當現實不能滿足時（事實上現實根本不可能滿足這些過分的要求），我們的情緒就大受困擾。[1,2] 你有以下的要求和期望嗎？

- 所有人都要喜歡和接納我
- 我一定要在所有事上取得成功
- 我一定要表現得完美，無懈可擊
- 世事應該如我意願般發生
- 這世界應該是絕對公平的
- 我不能忍受任何挫敗和痛苦

你可有想到其他過分的要求嗎？這些期望或要求都是我們人性中的基本渴求和需要，例如被愛被接納、成就感、自尊感等等，但當你將這些心理需要扭曲成絕對的要求，以為得不到就必然不快樂時，你就是自尋煩惱，為負面思想和情緒鋪路。你可以期望別人喜歡你，但不能將它變成要求，因為不喜歡你的人總會存在，你也得接受這個事實。同樣，你期望個人努力可以換來成功或滿意的成果，但你不應該強求凡事一定要成功，否則就不可能快樂了，這些不過是扭曲了的期望，現實人生不會是這樣的。

當你抱有這些扭曲不合理的期望時，自然容易對事情產生負面想法，例如當你要求所有人都必須喜歡你，其實是你心底非常害怕被人拒絕，所以較易懷疑別人的用心，容易對別人對你的態度過分敏感，造成人際關係的問題。

研究顯示，負面思想習慣的人喜歡將自己浸淫其中，特別是憂慮和悲觀的想法，不能抽離。其實，這些重複思想不能幫助我們解決問題，反而令自己更為煩惱，增加心理負擔，成為許多人患上抑鬱和焦慮的原因之一。

1.1 對症下藥：消極悲觀思維的療方

要活得開心，必須改善自己負面的思想模式，最佳方法莫過於培養和鍛煉正面樂觀的思維了。樂觀和悲觀是天生沒法改變的個性？現代心理學的理論和研究告訴我們一個大好信息：樂觀是可以學習的，悲觀是可以改掉的。

正向心理學的研究指出，相對於悲觀思想的人，樂觀的人的確可以擁有較多正面心理能量和較美好的生活（暫時在西方的研究裏有這個結論），包括：

- 擁有較高的學業及事業成就
- 較善於解決問題和應付壓力
- 較能適應疾病（如癌症）所帶來的打擊，並能在手術後有較佳的康復
- 有較美滿的人際關係
- 較少機會患上如抑鬱症等情緒病
- 有較佳的身體健康和免疫能力

研究發現，接受心臟搭橋手術的病人中，被測試為樂觀思想的病人，相對於悲觀的病人，在手術前他們抑鬱和憤怒的情緒較少，手術後一星期心情較愉快和輕鬆，較滿意醫護的質素和親友的支持，並分別在六個月及五年後都有較佳的生活質素和滿足感。[3] 另一個在大學生中間做的研究發現，當回憶過去一個月一件感到最大壓力的事件時，相比於悲觀的受試者，樂觀的受試者在事件中會用較多解決問題的方法，採取較多正面的轉念，和較能接受現實。[4] 還有一個頗有創意的研究：心理學家向一隊大學游泳隊隊員提供虛假的負面評語，指他們的泳術有許多不理想之處，結果樂觀的隊員竟能因此而推動自己，游出比之前更好的成績，但相對悲觀的隊員則不能夠。[5] 上述研究結果見到，樂觀的態度和思維的確較悲觀的優勝。

樂觀為何可以有這麼多好處？當中的竅門在哪裏呢？心理學的研究發現，樂觀對我們的心理至少能締造以下幾種優勢：[6,7]

(1) 樂觀可以製造自我應驗的預言（self-fulfilling prophecy）

樂觀的思維令你更願意長期付出努力去達成人生目標，你較易相

信目標是可以達成的，使你在遇到阻礙或困難時仍堅持下去，增加成功的機會，造就自我應驗預言效應。

(2) 樂觀助你有效面對逆境和克服困難

研究顯示，樂觀的母親較少患產後抑鬱症。面對困難，樂觀的人會較積極主動尋求解決方法，不易氣餒，並採取實質行動。

(3) 研究指出，樂觀叫人較有自信、較有活力、心情較愉快。

樂觀的確是非常令人羨慕的心理特質，你絕對可以提升自己的積極樂觀思維。

話你知

樂觀可以培養嗎？

沙利文博士及其研究團隊曾進行一項研究，[8] 以小組形式教授一羣情緒病高危學童，改變自己想法的技巧，鼓勵他們多抱樂觀（但不脫現實）的看法，以及三思後行等社交行為。經過 12 週的小組後，研究發現該批學童比起背景相似的高危學童較少抑鬱徵狀，抱較樂觀的想法。重要的是，訓練的影響力似乎可持續到兩年之後，效果愈加顯著（如下頁所示）。這似乎證明在有抑鬱傾向的學童中，樂觀可以透過訓練來培養，減少抑鬱的徵狀。

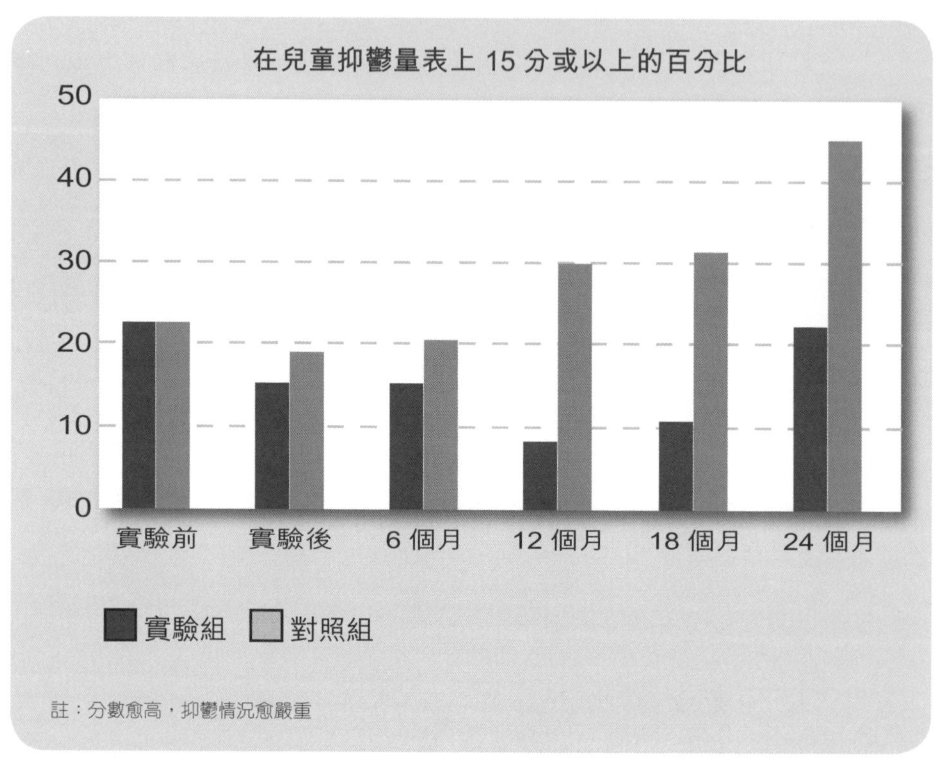

1.2 什麼是樂觀？

樂觀是一種態度、一種思維，包含至少以下幾方面：[9,10]

(1) 樂觀是能夠對未來的事情抱正面的期望和估計，相信美好的事情是會發生的。雖然困難與問題仍可能存在，但整體來說，樂觀的人對未來仍抱有希望和正面期待的。這是一種非常重要的推動力，叫我們相信人生仍然美好，自己的努力不會白費。這種樂觀的心態大多源自基本的安全感和對世界的正面詮釋。這種態度部分是天生的，部分則與後天成長經驗有關。

(2) **樂觀是能夠對已發生的事情作出正面有利的解釋**，不會側重負面不利的詮釋，庸人自擾。我們對事情的判斷和解釋會左右心情，樂觀就是能夠看到事情有正面意義、有價值的一面，例如失敗乃成功的踏腳石，逆境可以是上天賜予的磨練機會等。事情本身未必是壞事，但若你只顧鑽牛角尖，把它看得很壞，看為完全是自己的失敗或別人的攻擊等，你就難免落入壞情緒之中。悲觀的人更會過分自責，將失敗歸咎自己，甚至看自己為失敗者或無能者，這就難免會嚴重打擊自信和心情了。

(3) **樂觀是能夠謹守正面積極的人生信念或信仰**，縱使現實並非十分如意。一個人能夠對事情抱樂觀的態度絕非偶然，背後通常存在着一套積極有效的人生信念或人生觀，相信生命的價值和意義，相信自己的能力和努力，相信人生可以變得更美好。抱着這種正面的人生信念，就能樂觀面對挑戰和困難，不易氣餒；累積的人生經驗更可以不斷強化這種人生觀和價值觀，叫自己變得更堅強。

當然，這種人生觀不一定表示你要單靠己力去面對種種挑戰，你也可以依賴「他力」，包括別人的支持和資源；假如你有宗教信仰，你所信靠的上帝就是你樂觀信念的根源，可見宗教能提升個人的心理健康。

1.3 樂觀與悲觀的對比

樂觀的相反就是悲觀，雖然有時它有防患未然的作用，但也是一種製造壞影響的思維。最壞的要算是杞人憂天式的悲觀，凡事都總愛往最壞最差的情況去想，這種思維會侵蝕你的勇氣和信心，奪去你的動力與活力，叫你只懂做一個消極的人。所以，要慎防自己落入悲觀的思想陷阱，叫自己的人生變得灰暗無光。

綜合各方面的理論和研究，我們可以總結出樂觀與悲觀的人的心理素質，大致上有以下分別：

樂觀的心理素質	悲觀的心理素質
對人生抱正面的態度	對人生抱負面的態度
對未來抱有希望	對未來不抱任何希望
為生活設定目標	沒有為生活設定目標
會努力完成自己所定的目標	不會為自己的目標而努力
積極面對和解決困難	逃避面對和解決困難
對事情抱正面的詮釋	對事情抱負面的詮釋
正面的自我形象	負面的自我形象
不易被失敗拖垮	容易被失敗拖垮
對過去和現在感到滿意	對過去和現在有很多失望和遺憾
較多愉快正面的情緒	較多不愉快負面的情緒

喜樂指數

你是個樂觀的人嗎？

你同意以下看法嗎？	是	否
1. 我覺得生命是美好的。	□	□
2. 我期待我的未來。	□	□
3. 我正一步一步地為我的目標而努力。	□	□
4. 遇到困難時我通常選擇去面對。	□	□
5. 凡事我都向好的方面想。	□	□
6. 我覺得自己很不錯。	□	□
7. 失敗是一種學習／我不怕失敗。	□	□
8. 我對過去和現在都感到滿意。	□	□

根據我們的了解和經驗，你的答案愈多「是」，愈少「否」，表示你愈有可能是個樂觀的人。（請注意：這並非一份標準化的心理量表，只能供個人參考之用）

資料來源：Scheier, M. F., & Carver, C. S. (1985). Life Qrientation Test.

2. 積極：向前的動力

樂觀固然可以叫人快樂，積極則叫你在人生路上不怕艱難，勇往直前。什麼是「積極」呢？它與「樂觀」有何不同？樂觀是對人生對事情抱正面的態度，相信美好的可能；而積極則是一種帶有責任感甚至使命感的心態，是一種價值取向。抱積極心態的人認定以下幾點：

(1) **做人有其價值和意義**，不論是天賦的，還是自我發現或創造的，我們都應肯定人生是有價值和意義的，否則很難感到滿足和有動力去生活。

(2) **人生必然有痛苦和困難**，現實中無可避免，我們應該勇於面對和接受，不應因失敗或挫折而放棄追求美好有意義的人生。

(3) **物質與名利、成與敗、得與失都非人生最重要的東西**。積極的人生態度乃超越這些庸俗的心態，注目於更高的層次和更美好的事情，才使你平靜豁達地面對人生的起跌。這點差不多所有哲學或宗教都一致認同。

也許你覺得以上的「積極」心態頗有哲學或道德的意味，這是肯定的，哲學為尋求真相，道德叫我們懂得如何過有價值的生活，這都是「積極」思維的重要基礎。事實上，宗教信仰或靈性生活是許多人最重要的「積極」元素。

「積極」不能空談，許多人口邊常掛着積極鼓勵的話，但做出來卻是另一回事。要做到積極，除了正面的思維和心態之外，堅定的意志和實際行動也是不可少的。面對逆境困難而不氣餒，堅強的意志固然非常重要，樂觀和行動也是不可或缺的；正如《聖經》所說：「這樣，信心若沒有行為就是死的。」（〈雅各書〉2：17）沒有行動的積極是不可能和自相矛盾的。積極的人都會採取行動，而且是持續不斷的行動來追求心中的目標，不達目標絕不輕言放棄。

因此，具有清晰的目標和計劃，清楚自己想做的事情，而且努力不懈去完成，這才是「積極」。總的來說，「積極」不單是一種思維，它涉及人的知、情、意、行四大方面，是快樂人生不可或缺的。

積極態度與樂觀思維有很大關連，通常悲觀的人很少會表現得積極，悲觀的思維只會叫人變得消極，缺乏信心去嘗試或冒險，自然較少成功感和滿足感。相反，樂觀與積極通常都是相輔相成的，樂觀思維叫人對未來有所憧憬，對達成目標抱有希望，因此也容易產生較大的動力去採取積極的行動，遇到挫折時也不易放棄，可見樂觀對積極的重要性。

當然，我們必須強調，樂觀積極的思維並不代表你要相信一切都是可能的，只要你想得到就可以得到，這不是樂觀，是天真！這種態度不但無益，反而有害，譬如過分樂觀會導致投資過分進取而損失慘重。**健康正確的樂觀應是合理的樂觀（realistic optimism），**[11] **希望和正面思維都是建築在現實的可能上，絕非空中樓閣**。一般而言，對自己較為了解和抱有自信，對人生採取積極態度的人較大機會擁有這種正確的樂觀心態。

笑看人生悲喜

前立法會主席范徐麗泰女士的故事相信很多人都聽過，她在政治上的歷程很多人都知道，但她如何積極面對人生，你又可曾聽過呢？

范徐麗泰與丈夫范尚德育有一子一女，范家長年受疾病困擾。1994 年范太在加拿大念書的女兒，被診斷患上急性腎臟衰竭，當時范太立即辭去工作，前赴加拿大照顧女兒。1995 年，她更捐出左腎救女。2001 年，范太被證實患上二期乳癌，於是動手術切去左邊乳房，手術後，出現了淋巴腺腫脹的後遺症。

另外，范尚德曾在八十年代一次輸血手術中感染丙型肝炎，其後逐步發展為肝硬化及肝癌，最後於 2004 年病逝。雖然范太面對很多挫折，亦經歷過失去的滋味，她仍然選擇以積極、樂觀的態度去面對生命。正如她的文章所載：

「有一條路，我們每個人都要走，並得走完；這就是人生之路。路上有悲歡離合、喜怒哀樂、生老病死，還有數不盡、說不完、畫筆難描的種種風光。在何時會遇上何人、何事、何境，我們都無可預計。俗語說得好：『人算不如天算』。的確，沒有人能預知未來，但我們是否就應放軟手腳，望天打卦，逆來順受，接受命運的安排？我的回應是『不』。我雖然沒有能力控制外來因素，但我可以控制自己。

亦即是說，我可以調整自己對人對事的看法和做法。」

范太的積極正正來自她對人生抱有的態度，無論順境逆境也堅持自己的信念，絕不氣餒，竭力追求充實而有意義的人生。

資料來源：http://www.npcfan.hk/penDetails.htm?id=1

2.1　積極樂觀的策略

要學習積極與樂觀，起初你可能會覺得十分困難，尤其當你一向是個悲觀的人。但只要你認定樂觀的好處，願意持之以恆練習，就能掌握當中竅門，熟能生巧，一段時間後就會變得較前樂觀積極。

有恆心之餘，懂得有效的練習方法也是非常重要的，以下建議的方法大多是經驗證為有效提升樂觀的途徑，你可按這些建議擬出具體的行動計劃：

(1) 勾劃人生的藍圖

若想要樂觀些，你可先勾劃出理想的人生藍圖，憧憬未來五年、十年，甚至二十年你最想達到的境界。當然，這些理想必須是有可能達到的。學者 Laura King 一項研究指出，只要人們連續一星期，每天用 20 分鐘寫下未來理想的自己，相對於對照組（只每天記錄生活瑣事），他們會感到愉快些；甚至幾個月內他們的身體不適都會較少，可見正面的憧憬或想像的力量有多大。[12]

寫下這些理想後，你可再擬定一些能達致理想的中期目標和短期目標，愈詳細愈具體愈好；短期目標通常是較易做到的，也可令你不會因理想遠大遙不可及而感氣餒，這有助你滿有信心去實踐自己的理想。

(2) 回望過去的經驗

培養樂觀，最好莫過於仔細地回憶一些引以為榮或心滿意足的成功愉快經驗，可能是你努力工作得來的成果，或別人對你親切的關懷和支持。這個清單愈多這類回憶愈好，耐心欣賞每個事件當中美好的一面，包括引發事情的原因，和當中涉及的正面因素，不論關乎內在（自己）的，還是外在環境的。這些過去的美好人生經驗可成為你對未來樂觀的最佳理由和動力。

為何要刻意去做這種練習呢？原因很簡單：我們很多時只會記住過去一些痛苦失敗的經驗，這會減低自己的正能量，忽略自己原來也擁有不少正面愉快的經歷。不去回憶和發揮這些正面經驗，不是很可惜嗎？

(3) 清除消極的思想

如前文所述，消極悲觀的想法是樂觀的大敵，但你不須受制於這些想法，行為治療和認知治療都有大量研究，證實改變負面思想是絕對可能的。沙利文博士是樂觀思維的權威，在以上兩種治療法的基礎上，他發展出一套簡單實際對付負面思想的方法，稱為認知重整 ABCDE 法，[13] 只要你恆心練習，思想就會變得愈來愈靈活，愈來愈正面。這套方法如下：

A（Adversity）**逆境** —— 引發負面思想的通常是一項困難或造成壓力的事件。

B（Belief）**信念** —— 這就是你對事情負面悲觀的理解和想法，通常是過分主觀，誇大情況，不合乎實際，且忽略了事情正面的地方。

C（Consequence）**後果** —— 指 A 和 B 合起來引發的個人負面情緒或行動的結果。

D（Distancing / Disputation）**抽離 / 反駁** —— 要化悲觀為樂觀，先要以客觀和抽離的心態去看待 A，跳出困擾自己的想法和情緒，為自己的思想改變創造先決條件和足夠的空間。研究證明，情緒會左右思維活動，所以冷靜的情緒是靈活思維的條件，不可忽視。

Disputation **就是反駁**，是轉化悲觀思維的關鍵，你要挑戰自己那些負面的想法（B），找出新的正面想法，例如你可反問自己以下問題：

- 我原本的想法有否不合理或不符合現實的地方？
- 我可用什麼新角度與觀點來看這件事情？
- 我的新想法比舊想法是否較好或較有用？

- 我要是不改變舊的負面思想會有什麼後果？
- 若我採用新的想法又會產生什麼後果？

E（Energization）**更新**——經過 ABCD 四個思維步驟之後，你會感到心情有所改善，增強樂觀感和希望感，心靈重新得力，有一種自我更新的感覺。

這套思維重整方法看似簡單，但要運用得純熟，也須花上一些工夫和時間才行，起初最好將過程和思維記錄下來，使之更清晰和有條理，熟習之後便可在腦裏自我調整，完成整個由 A 至 E 的步驟。以下是一個示範：

你面前有大堆文件要處理，從早上開始你就熬着，想若要完成面前的工作將沒有時間去看球賽、購物或與孩子玩耍，於是開始覺得有點煩躁。終於你決定先上網看一下新聞，然後收發郵件和打印文章。不覺間一天又過去了，工作還沒有完成，你的心情益發苦惱，面前的工作亦變得愈來愈難完成了。

運用認知重整 ABCDE 法，事情其實可以這樣分析：

A（逆境）：**大堆的工作**

C（後果）：**煩躁、不安；千方百計去延遲面對**

B（信念）：**「我一定做不來」，「做了等於抹殺自由及享受的時間」**

開始練習時可先寫出 A 及 C，這會幫助你較容易列出 B 的內容。D 如何去做呢？你可以試一試以下的想法：

D（反駁）：「會不會誇大了工作的難度及所需時間呢？」「以前是否有愉快完成工作然後享受生活的經驗？」「究竟是積極面對抑或是拖拖拉拉浪費的時間多一點呢？」

在你習慣留心自己的內心想法後，會開始體會到產生不安情緒的不是 A，而是 B —— 你的信念。當你能理出自己的情理行為的關係，及體會到信念是可以選擇的時候，你會漸漸為行動注入動力，打破消極的循環：

E（更新）：安排完成工作後的活動作為獎勵，對自己說凡事起頭難，把工作分為若干部分逐步完成等。

（4）模仿樂觀的對象

學習的其中一種有效方法就是模仿，正如教練會將招式示範給學員看。我們若想學習樂觀積極，可嘗試結交或多留意觀察一些積極樂觀的人，從中感應到這些人的心態和正能量，說不定從他們身上學習到一些「祕訣」。

我們相信，好壞情緒和正負面思想是會彼此感染的，若你多認識及接觸開朗樂觀的朋友，留意他們如何應付問題和困難，如何計劃未來，如何創造夢想等等，你會得到很多有用的啟發和靈感，改變自己的心態和思維。

(5) 正確地看待結果

我們自幼接受的教育、周遭的社會和文化，過分強調可量度可見到的成績和實質結果，造成許多人的性格過分緊張和焦慮，害怕失敗和交不出一張漂亮的「成績表」，造成負面情緒。因此，若想培養自己的樂觀思維，就必須用正確的態度去看待自己作事的結果；**我們重視的應是整個過程中自己的意念和態度是否正確，是否盡了力，和當中的學習和成長，這些比事情的實質結果更重要**。只要你能校正自己的態度去看待成敗得失，便會較容易保持樂觀和積極，其實任何事情和經歷總有正面和有價值的地方，你必可從中學習到一些功課和發現讓你成長的機會。

人生是一個不斷進步和成長的旅程，不要抱着故步自封的心態，要不斷學習新事物和領悟人生的真義，不論你的境況如何，你也有理由樂觀。

培養樂觀小孩

樂觀既然是一種非常正面和有益的個人性格特質，我們是否應該在培育下一代時多注意這方面的發展呢？答案是肯定的。研究顯示，樂觀的確可以透過學習得來，而孩童和青少年階段都是最佳的學習時機。如何培養孩子的樂觀呢？為人父母或師長可留意以下幾點：

- 以身作則，自己先作個樂觀的人，自然可以感染到你的小孩。
- 多欣賞和讚賞孩子，發掘和幫助他發揮優點和潛能。
- 多鼓勵孩子追求自己的理想和目標，並肯定努力的成果。
- 讓孩子多些愉快的生活體驗，如發展嗜好、興趣等，擁有正面情緒的人較易感到樂觀。

哥倫比亞大學教授 Carol Dweck 是研究成長心態的權威，她的研究指出，**父母或老師不應太多誇讚學生的聰明才智，而應多讚賞學生的努力、看法、毅力、應付問題的能力等，這才有助他們建立持久的自信和積極樂觀的思維。**[14]

可惜的是，很多小孩在成長中並未獲得以上的正面培育，相反，因為他們的父母過分強調嚴格的要求和作出苛刻的批評，甚少讚賞，以致這些孩子長大後缺乏自信和樂觀，永遠害怕所做的未夠好，對別人的意見分外敏感，害怕失敗和出錯。

3. 負面思考的力量

你可能以為這個標題有手民之誤，其實這是日本一位精神科醫生最上悠的著作名稱[15]，他對主流心理學界鼓吹的「正面思考」和「樂觀思想」不以為然，認為這種觀點製造了許多人不必要的自卑自責心態。事實上許多人的性格都帶有悲觀和負面思想的習性，要一下子改變幾乎不可能，造成這些人極大的心理壓力。而且，「過分樂觀」、「防衛式的正面思考」（即阿Q精神）帶來的惡果往往比好處更多；因此，勉強自己正面積極，阻斷所有負面資訊，乃不切實際和非常危險的做法。最上悠用一個足球比賽來比喻說明：防守型的踢法雖然難以入球，但失球的風險大幅減低；反觀攻擊型的踢法可能帶來入球，但因只顧「正面積極」而被突襲失分的風險也大大提升。足球如是，人生也如是，攻守和正負面的平衡哲學是非常重要的。

最上悠批評美國社會瀰漫着一種「過度的積極文化」，對負面事情的忍耐力相對地大大減少，這可說是煩惱困擾的溫牀。其實，正負面情緒是人適應現實時的自然反應，接納和消化這些情緒是正常健康的做法。曾經有一個心理學實驗，讓演員表現出悲喜的情緒，發現兩種情緒都能讓身體的免疫功能較平常提高。這個結果指出，經驗和接受自己的正負面情緒比只有正面的情緒可能更健康。

事實上，適當時加些負面觀點，反而能更正確地看到和適應現實，負面思考可為過了頭的正面思考扮演一個煞車的角色，避免你落入過分樂觀和天真的陷阱。同時，承認並適度釋放自己的負面情緒就像一個心理安全裝置，是健康的防衛機制。所以，我們鼓勵你在培育積極樂觀的同時，也要善於接納和利用自己的負面力量，達致平衡有效的適應。

4. 中國人的達觀與積極

現在你應該相信，樂觀的確有很多好處，是快樂的泉源。當我們回顧中國文化，似乎談論樂觀的不多，反而更多的是推崇「達觀」這種處世態度。這多少反映出中西文化不同的重點，西方文化強調積極進取，高超的科技發展就是最佳的例證；而東方文化則注重融和與平衡，儒釋道的思想是當中的表表者。所以中國文化推崇達觀的精神面貌，不無道理。**達觀包含一種從容自在的態度，不為名利物慾所困，能坦然接受人生的種種起跌**。我們認為，相對於樂觀，達觀的心態似乎更能叫人不強求，更能承載得失成敗，更叫人心靈恬靜安適。達觀與樂觀各有好處，你可以視乎自己的性情和實際處境來加以學習。

另一方面，**中國文化也蘊含許多積極做人的元素，特別是儒家思想，由個人的修為以至治理家國，處處反映出積極的人生態度**，正所謂「古之欲明明德於天下者，先治其國；欲治其國者，先齊其家；欲齊其家者，先修其身；欲修其身者，先正其心；欲正其心者，先誠其意；欲誠其意者，先致其知；致知在格物。」若我們能多吸收這些文化素質，將有助更積極面對人生種種的挑戰。

心靈故事

歡喜看人生 / 楊清煌

人生有三態，悲觀、樂觀與達觀。

悲觀的人在山腳看世界，看到幽冥小徑；

樂觀的人在山腰看世界，看到柳暗花明；

達觀的人在山頂看世界，看到天廣地清。

悲觀的人說：人生像一杯苦酒，清濁均苦澀。

樂觀的人說：人生像一杯美酒，點滴皆芬芳。

達觀的人說：人生像一杯清泉，冷暖都清涼。

悲觀的人看到花謝的悲傷；

樂觀的人看到花開的燦爛；

達觀的人看到花果的希望。

悲觀的人見到人生的生老病死；

樂觀的人見到人生的甘甜喜樂；

達觀的人見到人生的春夏秋冬。

悲觀的人歎人生步步走向死亡；

樂觀的人讚人生步步邁上尖端；

達觀的人悟人生步步回歸自然。

悲觀的人趨向陰暗一角；

樂觀的人迎向光明一面；

達觀的人橫跨陰陽二界。

悲觀的人埋怨風向；

樂觀的人等待風向；

達觀的人調整風帆。

悲觀的人用加法生活，平添勞苦；

樂觀的人用減法生活，減少憂傷；

達觀的人用除法生活，分享喜樂。

如果黑暗不能映現星光，我寧可趨向太陽。

如果哭泣不能看見海洋，我寧可面對穹蒼。

如果埋怨不能喚回春天，我情願化身春燕。

資料來源：http://www.swps.tyc.edu.tw/~dep0009/mind2.htm

試看看你能否在以下看似不幸的際遇中尋找到樂觀或積極的理由：

- 際遇一：原本計劃好的歐洲旅行大計因工作關係被迫取消，感到非常失望。

  樂觀積極的理由：

  ………………………………………………………………

  ………………………………………………………………

- 際遇二：大學入學試成績出乎意外的差，不能修讀心儀的大學學科。

  樂觀積極的理由：

  ………………………………………………………………

  ………………………………………………………………

- 際遇三：拍了三年拖的男友 / 女友突然提出分手，態度非常決絕。

  樂觀積極的理由：

  ………………………………………………………………

  ………………………………………………………………

- 際遇四：金融海嘯下被公司裁員，加入了失業大軍。

  樂觀積極的理由：

  ....

  ....

- 際遇五：身體檢查發現自己患有心臟病，而且病情不輕。

  樂觀積極的理由：

  ....

  ....

喜樂小點子：樂觀積極小貼士

1. 當遇上逆境或困難時，嘗試轉念多看事情正向的一面，找出有意義或有幫助的地方。
2. 注意自己負面消極的思想，運用認知重整法，注入正面積極的思想。
3. 接納和原諒自己曾經犯過的錯失，記取當中的教訓，但不要過分自責，積極地向前看。
4. 留心觀察身邊樂觀積極的人怎樣解決問題，克服困難，嘗試仿效他們的做法。
5. 列出十件你認為不如意的事情，試為每件事情發掘兩個好處，培養逆向思維。
6. 閱讀一些成功克服困難和逆境的人物傳記。

7. 面對挑戰或困難時，回想自己過去面對類似問題時的成功經驗。
8. 鼓勵自己不去逃避問題，而是思想如何克服障礙以達成目標。
9. 記錄自己已達成的目標，回憶當中自己的付出和堅持，並達標後的快樂與滿足感。
10. 想像將來可達成的目標，在完成過程中自己的努力和達標後的滿足感，作為自己的推動力。
11. 閱讀勵志的故事或觀看同類電影，作為自我激勵。
12. 尋找有關樂觀積極的名句，細味當中的智慧。
13. 開展一個新計劃，細心策劃安排，悉力以赴，堅持直至完成為止。
14. 與你信任的人分享你的理想與目標，讓他們成為你的支持者和鼓勵者。
15. 每星期訂下並完成一個小目標，可以是工作方面、餘暇方面、人際關係方面等，完成後讚賞一下自己。

註釋

1. Alan, C. (2004). *Positive Psychology: The Science of Happiness and Human Strengths.* New York: Brunner-Routledge.
2. Peterson, C. (2000). The future of optimism. *American Psychologist, 55* (1), 44-55.
3. Fitzgerald, T. E., Tennen, H., Affleck, G., & Pransky, G. S. (1993). The relative importance of dispositional optimism and control appraisals in the quality of life after coronary artery bypass surgery. *Journal of Behavioral Medicine, 16,* 25-43.
4. Scheier, M. F., Weintraub, J. K., & Carver, C. S. (1986). Coping with stress: Divergent strategies of optimists and pessimists. *Journal of Personality and Social Psychology, 51,* 1257-1264.
5. Seligman, M., Nolen-Hoeksema, S., Thornton, N., & Thornton, K. M. (2006). Explanatory style as a mechanism of disappointed athletic performance. *Psychological Science, 1* (2), 143-146.
6. Lyubomirsky, S. (2008). *The How of Happiness: A Scientific Approach to Getting the Life You Want.* New York: The Penguin Press.
7. Fredrickson, B. L. (2009). *Positivity.* New York: Crown Publishers.
8. Gillham, J. E., Reivich, K. J., Jacox, L. H., & Seligman, M. E. P. (1995). Prevention of depressive symptoms in school children: Two-year follow-up. *Psychological Science, 6,* 343-351.
9. Scheier, M., Carver, C., & Bridges, M. (2000). Optimism, pessimism and psychological well-being. In E. Chang (Ed.) *Optimism and Pessimism: Theory, Research and Practice* (pp.189-216). Washington D.C.: American Psychological Association.
10. Seligman, M. E. P., Reivich, K., Jaycox, L., & Gillham, J. (1995). *The Optimistic Child.* New York: Harper Perennial.
11. Schneider, S. L. (2001). In search of realistic optimism. *American Psychologist, 56* (3), 250-263.
12. King, A. (2001). The health benefits of writing about life goals. *Personality and Social Psychology Bulletin, 27,* 798-807.
13. Seligman, M. E. P. (1998). *Learned Optimism: How to Change Your Mind and Your Life.* New York: Pocket Books.
14. Dweck, C. S., & Muller, C. M. (1998). The intelligence can undermine children's motivation and performance. *Journal of Personality and Social Psychology, 75,* 33-52.
15. 最上悠著，朱麗真譯（2009）:《負面思考的力量》。台北：商周出版。

第四章

喜樂態度：感恩和知足

心存感恩是高尚人格的象徵。

~ 伊索寓言

人生最大的不幸，就是不知道自己是幸福的，我們很少想到自己擁有什麼，卻總是念念不忘自己欠缺什麼！

~ 台灣作家何權峰

1. 引言

要過一個喜樂滿足的人生，第二個祕訣就是學習感恩與知足。請先看以下的小故事：

朋友家裏有位天真爛漫、活潑可愛的兩歲兒子，名叫朗朗。一天，父母如常與他談天說地，玩耍嬉戲。蹦蹦跳的朗朗，走向母親身邊嚷着要吃東西，母親拿了一塊餅乾給他，朗朗便笑道：「食物，阿們。」又一天，一位朋友送了一份汽車玩具給朗朗，禮盒中有巴士、小巴和的士。朗朗高興地拍着手掌，翩翩起舞，哼着自創的兒歌：「巴士、小巴、的士；巴士、小巴、的士；巴士、小巴、的士。」

朋友們看着小孩高興的樣子，有不同反應。有的不禁慨歎：「只是小小一塊餅乾，不過是玩具車子，他就這樣高興，真的容易安撫」；有的卻由衷說道：「朗朗真懂得感恩和知足，絕不貪心，可以像他就好了。」

孩童的心就是這樣簡單，大人的心卻複雜得多。孩童會因小小的禮物而樂上半天，大人卻會考慮這是否名牌，食物是否好味，思慮半天去衡量它的價值，忘卻自己原來擁有的東西。正向心理學的研究發現，心存感恩和懂得知足的人，相對擁有更多愉快正面的情緒，這章將會與你分享知足和感恩的重要和實踐途徑。

就讓我們從今天起，學會感恩知足吧！

喜樂指數

你是個會感恩的人嗎？

請在合適形容你的題目加上✓號：

1. ___ 我經常想到值得感恩的事情。
2. ___ 在我生命中，能想到曾幫助過我的師長或朋友。
3. ___ 我會在日記或網上日誌寫下好的事情。
4. ___ 我愛送贈小心意，如小禮物，答謝幫助過我的人。
5. ___ 一早醒來，我會感到乃是新的一天。
6. ___ 當我看到別人痛苦，我會慶幸自己很幸福。
7. ___ 我愛欣賞大自然。
8. ___ 我相信現在擁有的一切並非理所當然。
9. ___ 我現在的生活很富足。
10. ___ 在逆境時，我能相信明天是更好的。

分析：若果你愈多✓，表示你是一個很會感恩的人（請注意：這並非一份標準化的心理量表，只供個人參考用）。

資料來源：McCullough, M. E., Emmons, R. A., & Tsang, J. (2002). The Gratitude Questionnaire. Retrived from www.ppc.sas.upenn.edu, 14 January 2009.

2. 感恩的定義

心理學家 Emmons, MuCullough & Tsang 翻查感恩的定義，發現感恩(gratitude)這個字，源於拉丁文字 gratia，有 grace, gratefulness, graciousness 等，都是恩賜、感激和知足的意思。[1] 學者 Pruyser 了解到「感恩」的拉丁字源衍生出來的字一般與恩慈、慷慨、禮物、施與受的優點有關。心存感恩的人不僅會對贈予者心存感謝，同時亦會感受到贈予者那份真摯的心，讓自己和別人都感到愉快。[2]

同時，心理學家 Robert Emmons 在其著作《愈感恩，愈富足》(*Thanks！: How the New Science of Gratitude Can Make You Happier*)[3] 一書中提到，感恩是「承認」與「體認」的善意。這兩個層面分別是：

承認(acknowledge)生命的美好：不論順境逆境，對人生都抱持正面態度，相信生命是美好的。對別人贈予的祝福和禮物，不僅能承認收取後的喜悅，同時對於贈送者的心意也表示肯定。

體認(recognize)善意來自自身以外的力量：感恩的對象是他人，並非自己；人們會體認到：1 因他人的善意而受惠；2 他人要付出，才可讓自己受惠；3 在他人眼中善意是有價值的。

這份體認(recognition)需要我們對生活加多一點新認識(re-cognition)，多從新的角度、新的思考、新的體驗去看到和想到以前不曾看到的地方，這樣人們便會發現在事物背後或許會有更美好的事情，正所謂「柳暗花明又一村」，學習放下己見，看深看透一點。

2.1 感恩的好處

正向心理學告訴我們，感恩傾向較強的人，較常體驗到正面的情緒，如快樂、平靜、滿足、熱情、興奮等；同時，不容易被負面情緒所影響，如憤怒、埋怨、嫉妒等。當生活遇上壓力或低潮時，感恩的人亦較容易復原和調適。

常懷感恩的心的確有很多好處：

(1) 生理方面

研究結果告知我們，感恩的人有較大機會長壽。神經學教授 Snowdon 進行的修女研究相當知名。傳統上新入會的修女要寫一篇自傳，他檢視了當中 180 名修女 22 歲時寫下的自傳，就每個字做情緒經驗解讀，並進行分析，結果發現若修女的自傳中正面情緒字眼，如滿足、感恩、快樂、希望、愛等愈豐富，六十年後她們仍然生存的機會率極高。[4]

同時，美國專門研究慢性疼痛治療的 Dr. Friedman 曾邀請慢性疼痛患者進行一項為期四週的實驗，請他們為生命中深切欣賞的事情感恩，結果發現他們的疼痛感略為減輕。[5]

(2) 心理方面

心理學家 Robert Emmons 進行的研究，讓我們更體會到感恩是快樂之源。他將研究對象分為三組，分別是感恩組（思想感恩的事情）、困擾組（思想困擾的事情）和中立組（不想任何事情），十星期後，發現感恩組的快樂程度比其他組別高出 25%。[6]

(3) 人際關係方面

心理分析的始祖佛洛伊德（Sigmond Freud）曾說，人生最大的恐懼是孤單與寂寞。研究正向情緒的學者 Fredrickson 認為，感恩有助維持緊密的人際關係，當我們多想別人對自己的善意時，自己會感到被愛和被照顧，這有助與人建立親密關係。[7]

2.2 如何培養一顆感恩知足的心

生活有順境，亦有逆境。順境時，有人會看不到自己所擁有的福分，以為一切都理所當然；逆境時，要人感恩更是困難。那麼感恩和知足應從何做起呢？關鍵是你要先踏出第一步，相信自己是個懂得感恩和知足的人。

順境時：你可學習「順境時延遲調適，逆境時加速調適」[8]，當我們身處幸福順意的環境，有否細心觀察眼前的事物多美好？或許是你的兒女、家人仍在身邊，或你仍能呼吸新鮮的空氣。曾有人問一位長者，今日有什麼事值得你感恩？他由衷說道：「我為無事感恩。」原來生活平安無事已是上等的福分。讓我們在順境時不要太快安享現狀，嘗試感受一下這經歷就正正是無限恩典。

逆境時：嘗試不要自怨自艾，呼天怨地；不要讓自己長久停留低潮之中；相反，儘快提醒自己將逆境轉化為追求個人成長的機會，激發面對逆境的能力，這樣才可變得更正面。

心裏知足：心理學的範疇裏有所謂「向上比較」（upward comparison）和「向下比較」（downward comparison），後者往往就是知足的關鍵。許多人會因別人擁有更多而羨慕或妒忌，有些人為着追求更富裕的生活而向銀行不斷借貸，忽略自己實際的經濟能力，結果帶來沉重的還款負擔；當我們感到缺欠或想擁有更多時，不如想想世上有很多人比你更為匱乏，嘗試學會知足。以金融海嘯為例，即使一夜之間失去大部分財富，但你仍擁有家人、朋友、健康等等，是否比財富更寶貴？當你寫下你所擁有的清單時，便知道金錢只是你生活的一部分，而非快樂的惟一來源。

《聖經．腓立比書》4:11-13，可成為我們學習的榜樣：「我無論在什麼景況都可以知足，這是我已經學會了。我知道怎樣處卑賤，也知道怎樣處豐富，或飽足、或飢餓、或有餘、或缺乏，隨事隨在，我都得了祕訣。我靠着那加給我力量的，凡事都能做。」**假如我們明白所擁有的一切都是上天賜予，無論處富足或貧窮，都能凡事滿足，不與人比較，那就是幸福了。**

2.3　中國人的知足感恩

知足這個觀念非常吻合中國人的思維，常言道：「知足者常樂也。」《老子．儉欲第四十六》亦云：「罪莫大於可欲，禍莫大於不知足；咎莫大於欲得。故知足之足，常足矣。」意即禍患沒有大過不知滿足的了，而知道滿足的人永遠都是快樂的。中國以農立國，農民的心態就是希望安居樂業，豐衣足食，有別於西方較進取和冒險的心態。明顯地知足的好處是因要求不高而較易滿足，失望的機會相對較低，也較容易得到快樂。當然，凡事皆有兩面，過分知足可以是一種躲懶、不思進取、得過且過的心態，不值得鼓勵。我們要知道何時應該知足，何時應該有所要求，為自己所定的目標和理想奮鬥，這也是做人處世的藝術。

同樣，感恩圖報也是中國文化中重要的精神元素，忘恩負義對中國人來説是極為醜陋和不能接受的。儒家思想中百行孝為先，就是因為父母有養育之恩，為人子女者理應盡上孝道，尊敬父母，報答親恩。此外，朋友間的相處之道也強調禮尚往來、知恩圖報，作為維繫社會的和諧亦非常重要。由此可見，正向心理學對感恩的情操和舉動的推崇，與中國文化非常吻合。

感恩節來源

1620 年，一羣英國的清教徒，因不滿當時英國國教不看重以《聖經》為上帝真正的教導，反而重視儀式教條；他們認為有上帝的感動要去淨化教會，卻受到反對與迫害。因此，他們決定離開家鄉，尋找一個可以自由與安靜敬拜上帝的土地。1620 年 9 月 15 日他們從英國乘坐一艘名叫五月花的帆船，包括婦人和小孩一共 102 人，經過 65 天的航行，在 11 月 20 日抵達新大陸。因航行的偏差，船在弗吉尼亞州靠岸，後來他們轉往現在麻州的普利茅斯港，那時已是

12 月 26 日。

第一年冬天，因為水土不服和缺乏食物，加上天氣寒冷，他們有一半人都死掉了。然而第二年，因着當地印第安人的友善與幫助，他們學會野外抓火雞。到了秋天，他們耕作開始收成，便舉行了一連三天的感恩慶祝會，感謝上帝的祝福及恩典，並邀請了 90 名印第安人來參加，表示對他們的謝意。從此，每年感恩慶祝的傳統就延續下來，在各州也開始以不同的日期來舉行感恩與慶祝活動。

資料來源：http://www.ucchh.org/about/work/thanksgiving.htm

3. 學習感恩的基本信念

你想擁有感恩的心，先要相信感恩是可以學習的。只要你持之以恆，時間可以證明感恩的心是可以培養出來的。請你牢記以下法則：

（1）相信感恩可靠後天培養

心理學家 Robert Emmons 和 Michael McCullough 曾為大學生進行一系列研究，請他們記下一星期之中五項值得感恩或讚美的事，結果發現這組大學生比沒有感恩或讚美的另一組，有更正面的情緒，更積極樂觀的想法和更良好正面的社會行為。[9] 這足以證明感恩可以靠後天培養，只要你願意多做練習，多嘗試說感恩的話，你便會發現自己慢慢變成一個會感恩的人，生活也可以變得更正面。

(2) 相信感恩是一種選擇

若想培養自己有更多正面的態度和改變負面的想法，首要認清自己是有選擇權的，你可以讓自己有多點空間嘗試新體會。若你願意，你可以選擇感恩，也可選擇接納、學習、培養、堅持等其他美德。當然你也可以選擇抱怨，放棄感恩的權利，不過結果只會製造出一顆苦澀的心。

(3) 相信感恩應從幼做起

小孩的心是單純的，他們以單純的眼光看事物，享受所有，樂在其中。如他們愛在沙灘堆沙，不計較沙粒粗糙、陽光猛烈，只會享受玩耍的過程，欣賞自己堆沙的高度和形態，説説笑笑，無憂無慮。童年是最適宜培養和教導感恩的時機，在未受世俗污染的階段培育孩子感恩的心，這是我們能夠為下一代所做最美好的事情之一。

(4) 相信感恩是要努力去創造和維持

當人安逸於現有生活，以為一切都是理所當然，自然很少發問：「為何我可以擁有這些？」或說「上天對我太好了！」試從今天起，跳出以往的思維模式，將事情看深一點，想像多一點，讓自己多一點空間接受新的角度。意大利有句諺語：「即使我失去了戒指，我還有手指」，難度鑽戒比手指重要嗎？多些想像，多些觀察，多些新思維，很快你就能踏上感恩的旅程。

4. 感恩四部曲

如何具體而有步驟地練習感恩的態度呢？心理學家 Miller 提出透過四個讓我們學習感恩的步驟：[10]

步驟一：先找出沒法感恩的思想

我們可以留意生活上自己常出現的負面想法，如「生日時送這份大禮給我，不知想我幫他做什麼呢？」「他來電並非關心我，只是想打聽而已」，要多留意自己的不感恩想法，加以糾正。

步驟二：培養感恩思想

當我們經過步驟一後，發現自己常出現負面想法，便要「停一停，想一想」，這是否令自己失去感恩心的地方。朋友在你生日時送禮物給你，確實是一番好意，他可要用心去選擇和衡量物品的價值，又要付出時間前來送給你，其實的確值得我們感恩。又如朋友來電慰問，也是出於一番好意，覺得對方「八卦」，會否意味着自己有些事情不想向人透露，以致不喜悅別人的問候？是否個人的過敏想法？朋友致電可要付出時間和關心，這亦是值得感恩的。

步驟三：用感恩的思想逐步替代不感恩的思想

當我們學習感恩的思想後，便可慢慢讓自己的腦海多浮現這些思想，逐步將原有不能感恩的想法放下，隨着時間流逝，取而代之的便是感恩的想法了。

步驟四：將感恩思想化為行動

當我們腦海有了感恩的想法後，便可付諸行動，例如主動向贈予者表達謝意，或向別人的慰問表示感激；除說話表達外，我們亦可以心意卡或手機短訊，透過文字來答謝。

經過感恩四部曲後，你將會成為一個懂得感恩的人，你會發覺不僅自己有所得益，當你的答謝出自真心，身邊人也會覺察你的改變，並會因而受惠。

4.1 感恩和知足的絆腳石

都市人的生活太緊張，太着緊追求名利，稍有不如意時，就好像天塌下來了，一切事情變得灰暗和失去意義。**天主教著名靈修大師盧雲神父曾說：「為生命中美好的事物感恩很容易，但為生命的一切，包括好事與壞事、喜樂與哀傷、成功與失敗、被稱讚或拒絕……只有對這一切都能感恩，這才算是感恩的人。」**回顧現有的生活，在多少情況下，我們能夠衷心感恩和知足呢？許多人未能做到，通常有以下原因：

(1)「阿 Q 精神」

凡事謝恩，未免太過「阿 Q」，太不思進取？你或許也有同感。但事實告知我們感恩絕非「阿 Q」，不是自欺欺人，感恩的事項是事實，是你所擁有的真實。一大清早起來，你能呼吸空氣、能穿衣服、能行路、能坐下，難道不是事實？這絕非「阿 Q 精神」，而是你學會好好察覺生命的福分。

(2) 傷害過我的人，難道也要向他感恩嗎？

愈來愈多研究顯示，人的心中若充滿怨恨和不滿會影響身體和心理健康。心理學家 Michael McCullough 和 Robert Emmons 稱，減少這類負面情緒的方式就是培養人的寬恕能力，這可降低由壞事產生的痛苦和怨恨程度。[11] 沙利文亦提到寬恕能夠幫助人面對過去的傷痛，釋放憤怒情緒，重建正面情緒。[12] 若你能夠培養寬恕的美德（詳見第八章），應用在日常生活中，與人建立良好的關係，你自然會有更多空間留意身邊的福分，將有助培養感恩的心。

(3) 與人比較的心理

有一次，上司對一位新入職的員工説道：「剛才開會時你的表現很好，繼續努力，公司需要你這樣的人才。」員工聽了後興奮雀躍。然後有位同事向他說：「上司也曾向我説了同樣的鼓勵話。」他聽罷，臉上隨之不悦。接着有另一位員工問他：「上司對你的鼓勵並沒有轉變，為什麼你剛才開心，現在就不開心呢？」

人總是喜歡不斷與人比較，很多時候，以為自己應該勝過別人，好的東西應該屬於自己；當發覺別人都擁有時，嫉妒的心便出現，卻不知原來自己所擁有的已是恩典，已是事實。我們往往因嫉妒而忽略了自己所擁有的價值，殊不可惜！

(4) 視一切為理所當然

凡事看作理所當然，過分強調物質價值的人，較容易產生妒忌和憤怒的情緒。事實上，不論事情大小，大如失業後找到新工作、小如購物時遇上減價節省支出，都可以感恩和知足。人不能同時處於欣賞和抱怨的狀態，所以學習多些欣賞，自然也會多些感恩。

(5) 自戀的心態

學者 Raskin 和 Hall 設計了自戀性格量表，其中的題目如下：[13]

- 我期待別人為我做很多事。
- 除非得到我應得的一切，否則我不會滿足。
- 我喜歡為別人付出。
- 我滿足於自己所得。

選擇第一、二項答案的人較難感恩和知足。自戀的人無法感謝別人的幫助，他只會將自己放在崇高的位置，相信特權，不容易敏感別人的需要，這樣的人很難對人對事心存感恩。

(6) 愈忙愈亂

香港的生活節奏急速緊張，每朝清晨，港鐵車廂擠滿乘客，快餐店內擠滿排隊買早餐的人，每人手上不是拿着報紙，便是拿着電話、遊戲機等，這一切都使人容易忙亂，許多自幼學曉的禮貌也無暇顧及，如向人問安，讓座有需要人士等。你可曾見過在街上有人暈倒，多少人擦身而過，但卻無人伸出援手呢？似乎現代人忙得連身邊發生的大小事情都可置身事外。忙亂只會令人沒有空間容納感恩的心，甚至成為不去感恩的藉口。我們實在需要細察自己的福分和每天發生的事情，才會學懂感恩和知足。

(7) 活在困境中

懂得感恩和知足的人並不是要抹去傷感或負面的情緒，而是能在面對困境時仍找出可欣賞的地方。2008 年泰國曼谷機場示威浪潮中，港人易學榮與妻子馮敏慧因趕搭包機而不幸遇上車禍喪生，當所有人都埋怨香港政府未能及早包機助港人回港，以致造成慘劇之時，這位太太在苦痛中仍表現堅強，表示車禍純屬意外，無人須要為此負責，並說「事實上那個司機是好好的司機，每隔一會都停一停站讓我們（休息），但意外就是意外！」在回港途中，她收到保安局長的問候及安慰，於是她特別發聲明向保安局長致謝，亦感謝泰國、香港各政府部門、航空公司、保險公司的協助，「雖然仍感憂傷、哀痛，但你們每人所付出的一點一滴，已抹去我心中一點眼淚。」這正好表明在患難困境之中，我們仍可找出值得欣賞的正面地方，凡事都有可感恩之處。[14]

4.2 學會感恩的十大方法

其實在日常生活之中，我們有很多機會練習感恩，使之成為習慣，我們建議以下十種方法，你可選擇幾項你最喜歡或最可行的，在未來幾個月裏不斷去做，看看效果如何。

（1）致謝信：找一個你希望感謝的人，寫一封信給他，告知他道謝的原因，不妨具體地寫上道謝的生活事例，這樣對方看後會心感甜蜜。

（2）致謝探訪：我們可以登門向曾有恩於你的人，如師長、長者、朋友等道謝。心理學研究告訴我們，當人進行了感恩拜訪後，雙方都會感到關係親密了。

（3）感恩日記：每晚就寢前，記下一件當日順利和快樂的事。心理學家 Emmons 的「感恩日記」研究發現，只要養成寫日記的習慣，提醒自己所擁有的一切人與事，人會變得較以往更快樂，生活滿意度亦會上升。請緊記，感恩的事項必須經常更新，絕不可一成不變。

（4）多説恩言：每日找機會向幫上你小忙的人，衷心道謝：如謝謝同事幫你叫了午餐、鄰舍協助你按着電梯門掣，讓你進入；凡此種種，多説恩言，世界變得更美好，人倫關係變得更親近。

（5）張貼恩語：日常生活中有很多方法可以提醒自己要多感恩，你可以在雪櫃、鏡子、梳妝台上，或在公司的書桌上、白板上使用便利貼、貼紙或電腦列印出來的紙張，寫下感恩説話，如「凡事謝恩」、「謝謝老公愛我」、「同事你真好」等，提醒身邊的人與事帶給自己的福分。

（6）自我獎勵：人是羣體動物，需要與別人相處；別人對自己的看法，成為我們看待自己的重要意見。但若能在生活中，添加一份自我欣賞，學會愛錫自己，不只活在別人的看法之下，你會發現個人的快樂指數自然提升了。你可以進行自我對話（self-talk），如「我做得到」、「我欣賞自己懂得問候朋友」等；以及給予自己物質的獎賞，如吃一頓自助餐、買一對波鞋等。

(7) 感謝呼吸：每晚在睡覺前進行十次呼吸練習，每次吸氣五秒，然後呼氣五秒；到第四次時，可嘗試在呼氣時想着「感謝」二字，領會能每天呼吸，表示自己仍活着，也是生活的恩典。

(8) 欣賞大自然：多親近大自然，停下來欣賞身邊環境，享受鳥語花香，呼吸新鮮空氣，學習感激大自然的恩典。你會發現大自然確是偉大無比的奇工，也是洗滌心靈的最佳良方。

(9) 特設好日子：猶記得歌星陳慧琳有一首舊作《紀念日》，歌詞中寫道「在平淡之中找一些特別日期，憑藉特別日期慶祝得到你」在沉悶的生活中加添情趣是重要的。要珍惜身邊人，除了説話以外，也該用行動及心思來表明。選一個特別日子，可以是假日、生日、父親節、母親節、周年紀念等，與你的家人或伴侶一起好好慶祝！

(10) 閱讀感恩故事：中國成語故事「感恩圖報」，記載了吳國大將軍伍子胥為報答打漁郎父親的幫助，放棄攻打鄭國，並讓打漁郎獲得鄭國獎賞。讓我們常閱讀感恩故事，細味故事人物的思想與感情，學習做個感恩的人，把中國的傳統美德流傳後世。

正向心理學認為，沒有感恩和知足的心，很難過一個美滿幸福的人生，即使你獲取多少成就，擁有多少美物，你仍會感到不滿足，抱怨為何自己不可以得到更多。因此，學會感恩和知足確是欣賞和享受生命不可或缺的。無論你的現實處境怎樣，也可以從好的方面去為自己所擁有和經歷的感恩，抱知足的心自可欣賞生命所賦予我們的豐盛，這是打造喜樂工程的第二個祕訣。

感恩日記

每晚就寢前，列出至少一項當天很想感恩的事情。

事情：

人物：

感謝的原因：

相關的致謝行動：

感恩故事

榮榮與俊俊是要好的同學。上週末，一大清早，他們在家人的陪同下，一同前往學校參加遠足活動。在課室門外，榮榮便向母親說：「媽媽，謝謝陪我回校，再見。」另一邊的俊俊早早進入了課室，老師問他：「今日誰陪你回校？」俊俊答道：「慢吞吞的，係爺爺呀！」老師回應：「為何這樣說？」俊俊答道：「因無人陪我，爺爺才會前來！」

之後，一班同學便往大澳門郊野公園遠足。午飯時，榮榮與同學分享母親為他預備的壽司，而俊俊卻埋怨母親所做的三文治不太美味，不及榮榮母親的心思。

讀完以上故事，請細心思想故事人物榮榮與俊俊，他們的說話行為與感恩的關係，然後填寫以下表格，寫出哪些是感恩和不感恩的事項：

感恩的人與事	感恩的說話	建議感恩的回應行動
例如： 享受清晨、家人陪伴	謝謝媽媽陪我回校	向母親說，「我愛你！」

不感恩的人與事	不感恩的說話	不感恩的回應行動
例如： 母親的食物不好吃	食物不美味	責備母親

請你問一問自己：你想成為榮榮，還是俊俊呢？

註釋

1. Emmons, R. A., McCullough, M. E., & Tsang, J. (2003). The assessment of gratitude. In Lopez, S. J. & Snyder, C. R.(Eds.), *Positive Psychology Assessment: A Handbook of Models and Measures* (pp.327-342). Washington, DC: American Psychological Association.

2. Pruyser, P. W. (1976). *The Minister as Diagnostician: Personal Problems in Pastoral Perspective.* Philadelphia: Westminster Press.

3. Emmons, R. A. (2003). *Thanks!: How The New Science of Gratitude Can Make You Happier.* New York: Houghton Miffllin Company.

4. Snowdon, D. D. (2001). *Aging with Grace: What the Nun Study Teaches Us About Leading Longer, Healthier, and More Meaningful Lives.* New York: Bantam.

5. Smith, L. C., Friedman, S., & Nevid, J. (1999). Clinical and sociocultural differences in African, American and European American patients with Panic Disorder and Agraphobia. *Journal of Nervous and Mental Disease, 187,* 549-560.

6. Emmons, R. A. (2003). *Thanks!: How The New Science of Gratitude Can Make You Happier.* New York: Houghton Miffllin Company.

7. Fredrickson, B. L. (2001). The role of positive emotions in positive psychology: The broaden-and-build theory of positive emotions. *American Psychologist, 56,* 218-226.

8. 羅伯・艾曼斯著，張美惠譯（2008）:《愈感恩，愈富足》。台北：張老師文化。

9. Emmons, R. A., & McCullough, M. E. (2003). Counting blessings versus burdens: An experimental investigation of gratitude and subjective well-being in daily life. *Journal of Personality and Social Psychology, 84,* 377-389.

10. Miller, T. (1995). *How to Want What You Have: Discovering the Magic and Grandeur of Ordinary Existence.* New York: Henry Holt and Company.

11. Emmons, R. A., & McCullough, M. E. (2003). Counting blessings versus burdens: An experimental investigation of gratitude and subjective well-being in daily life. *Journal of Personality and Social Psychology, 84,* 377-389.

12. Seligman, M. E. P. (2002). *Authentic Happiness.* New York: Free Press.

13. Raskin, Robert, & Hall, Calvin S. (1981). The narcissistic personality inventory: Alternate form reliability and further evidence of construct validity. *Journal of Personality Assessemnt, 45* (2), 159-162.

14. 〈車禍 X 面對逆境 泰車禍港人遺孀指事件屬意外〉《明報》(2008 年 12 月 8 日「通通識」版)。

第五章

喜樂生活：投入體驗

惟一重要的時刻是現在！因為這是你惟一掌握力量的時刻。

~ 俄國作家托爾斯泰（Leo Tolstoy）

無論你在做什麼、和誰在一起，都要送他們一份最佳的禮物：專心。

~ 美國商業哲學家羅恩（Jim Rohn）

1. 活出充實人生

本書第一章提過，快樂是一首多重奏樂曲，有不同種類和層次，其中一種非常重要的是透過付出和投入活動而獲得的滿足感。**沙利文認為，充實人生（engaged life）的先決條件，是找尋和體驗一些能讓我們高度專注和投入的活動，增加生活的滿足感和快樂程度。**曾聽過一個說法：「人往往只懂得儘量延長自己的生命，卻忘記為人生的每一日增添生命。」向我們求助的情緒病病人當中，十居其九都花很多時間和精力去懊悔和埋怨過去發生的事情，或擔心和憂慮將來未曾發生的事，卻從來沒有好好真正的「活着」。因此，要活出充實的人生，我們須要投入體驗生活，每一刻好好去活。

2.「神馳」：專注投入的至極

試回想最近一次非常專注和投入的經驗：是否專心看書以致別人多次呼喚都未察覺？正在創作一件藝術品以致廢寢忘餐？享受音樂優美的旋律，恍如活在自己的小天地裏？挑戰難度極高的行山徑以致頓然忘記一切不快樂的事情？感覺一天的工作雖然繁忙非常，卻由於出奇地順利和流暢，以致享受到樂而忘我的境界呢？

美國芝加哥大學著名心理學教授 Mihaly Csikszentmihalyi 多年致力研究

人的「最佳體驗」(optimal experience),發現許多藝術家、運動員等形容自己所專長和有興趣的活動時,往往顯出許多不謀而合的地方。他們的描述往往包含「迷失自己」、「非常專心和投入」、「樂而忘我」、「忘記時間的流逝」等。據說西方一位著名畫家米高安哲羅(Michelangelo)為梵帝岡的西斯汀禮拜堂繪畫壁畫時,可連續多天廢寢忘餐地忘我工作,甚至連衣服也不更換!Csikszentmihalyi 稱這最佳體驗的心理狀況為「神馳」(flow)。在其著作 *Flow: The Psychology of Optimal Experience* 中,他歸納「神馳」應具備以下條件和特徵:[1]

- 一項具挑戰性和相當技巧的活動
- 動作和意識的結合
- 明確目標和即時回饋
- 高度投入和專注
- 暫且放下各種擔心和憂慮
- 失去對自我的意識和察覺(泛指「樂而忘我」的境界)
- 經歷時間的迅速流逝,或對時間觀念的扭曲和轉化

此外,活動本身要讓個人投入時覺得玩樂、享受,相對於「外在動機」(extrinsic motivation),如金錢收入、別人對自己的要求和期望等,神馳的體驗反映當事人對某種活動本身的興趣,心理學家稱之為「內在動機」(intrinsic motivation)。Csikszentmihalyi 發現,原來人面對挑戰的方式與態度,與他們的快樂程度有莫大關係。要達至神馳的境界,關鍵在於活

動本身對個人的挑戰性和技術上的要求。太容易的活動會令人感覺沉悶，如重複性的影印；相反，太困難的活動會引致不必要的焦慮，如要一位鋼琴初學者彈奏一首八級鋼琴的琴譜。因此，適度的挑戰和技巧的配合，往往能增加個人對活動的掌控感，有助達至神馳的心理狀態，也是投入體驗愉快活動的最高境界。

心理學家指出在不同技巧與挑戰組合的活動裏，我們會經驗到不同的心理狀況與情緒，如下圖所示：[2]

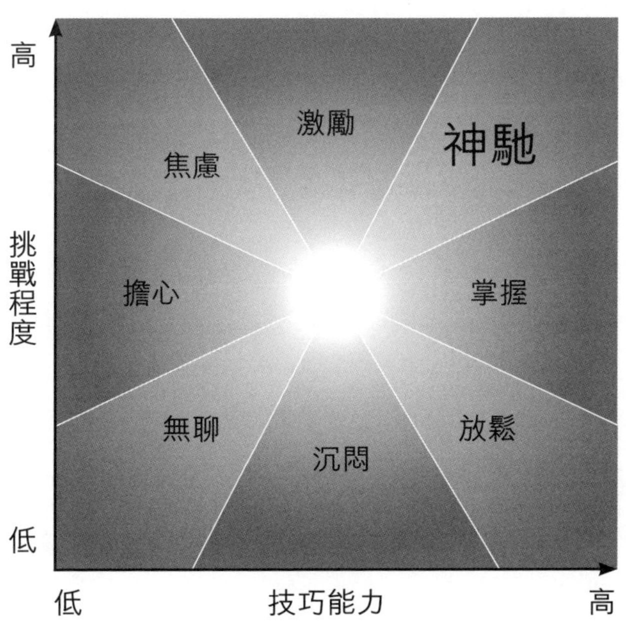

要達至和維持神馳的狀態，甚具挑戰性，我們須要排除外界眾多的滋擾，如噪音、別人在進行其他的活動等，以及內裏對自己的批評和意見。這有助我們更容易進入更深的神馳狀態（deep flow）。相反，許多都市人慣常用的鬆馳方法，如躺在沙發上看電視、睡一大覺等，都有一個共通點：過於被動，參與的人不需要太大的付出和投入，所以很難達至神馳的狀態，Csikszentmihalyi 稱之為 Junk Flow。

2.1　如何進入神馳境界？

你也許會問：到底是否某類人較容易達至神馳境界呢？綜合不同學者的研究和見解，**Csikszentmihalyi 提出一種稱為 Autotelic Personality 的性格特徵。這種性格的人，相對其他人而言，好奇心較重，更有毅力，自我意識較低。這類人普遍享受生命，活着是為了認真的體驗，非為滿足他人的期望和外在目標。**一些研究亦證實，能委身投入、努力堅持，而最終有所成就的年輕人，往往與過往曾經歷神馳的狀況有莫大關係。[3]

總括而言，神馳的狀況能帶來各方面的好處，亦是提升快樂的祕訣之一。以下是一些實際的方法，有助你更容易達至神馳的境界：

- 回憶過往哪些活動曾帶給你神馳的經驗；
- 認清自己的個人專長和興趣；
- 每星期安排一些時間投入這些活動，建議先選擇一個難度適中的活動開始；
- 過程中須排除外界的騷擾，建議選擇一個安靜的環境；
- 全神貫注完成該項活動；
- 與別人分享你努力的成果、過程當中的經驗和困難之處；

- 亦可嘗試挑戰自我，投入一些從未試過的活動，如畫一幅巨型的油畫、踏爬山單車、以自學的形式烹調一個新菜餚等，增加和擴闊神馳的體驗。

雖然你已知道投入體驗愉快經歷和神馳的好處，但你可能仍然感到難以做到，特別是許多患有抑鬱和焦慮情緒症狀的朋友，都難以投入樂而忘我的境界，這可能與自我意識太強或過分在意別人的評價有關。情緒受困擾的人往往過分在意自己的心情或問題，以致很難推動自己投入一些愉快而具挑戰性的活動；另一方面，他們亦可能因太緊張身邊的人如何看待評價自己的表現，害怕失敗，以致不敢嘗試新挑戰，這自然大大減低他們能夠達至神馳經驗的機會了。**若想真正體驗這種奇妙愉快的神馳經驗，我們必須學習放下自己的憂慮和煩惱，嘗試全情投入，專注於當下，享受活動本身的趣味，不斷改善自己的技巧，達至理想的目標。**這樣就能為生活增添色彩，大大改善自己的整體情緒。

日常生活中的「神馳」

你在日常生活中有經常經歷到「神馳」這種樂而忘我的經驗嗎？試回想一下類似這種經驗的事情，看看過程中是否符合「神馳」的準則：

	是	否
1. 一項具挑戰性和要求相當技巧的活動	□	□
2. 動作和意識的結合	□	□
3. 明確目標和即時回饋	□	□
4. 高度投入和專注	□	□
5. 暫且放下各種擔心和憂慮	□	□
6. 失去對自我的意識和察覺（泛指「樂而忘我」的境界）	□	□
7. 感到時間迅速流逝，或對時間觀念的扭曲和轉化	□	□

若你的活動符合以上大部分條件，那你就可考慮多做這類活動來增加自己的歡樂。或者你可繼續嘗試其他有趣的活動，直至達到「神馳」的經驗為止。

3. 細味生活，欣賞美好

讓水中的漣漪靜下來，你便會看到月亮和星辰反映於你的存在之中。

Jelaluddin Rumi

其中一位作者（湯氏）有一個親身經歷，可以說明「細味生活，欣賞美好」的重要。筆者曾經考慮遷家，希望有更大的居住空間，但女兒出乎意料堅決反對。初時我和太太都大惑不解，後來女兒寫了一封短信給我們，描述她何等喜歡現在的居住環境。信用英文寫，大概意思是：「我喜歡和大廈的管理員叔叔和姨姨打招呼和攀談；我喜歡每天早晨上學時見到路旁的大樹，聽到樹上鳥兒歌唱的聲音；我喜歡陽光從樹葉之間照射下來的影像，我喜歡嗅嗅花兒的味道，和欣賞大廈前面那一大片青草地，在我不開心時可令我釋懷，又叫我心曠神怡。」經女兒的仔細描述，我才注意到原來自己的居住環境多麼優美，以前雖然也知道一些，但因沒有細味而失落了那種幸福享受的感覺，真的要感謝女兒的提醒。

第四章提到對過去存有一份感恩知足的心，是快樂的良方。事實上，對於當下或現在所發生的事情，我們亦可以用「細味」(savoring) 的方式去增強美好的體驗和回憶。**生活當中有太多美好的事情、事物和體驗，值得我們欣賞和享受**：郊外美好的林蔭、天邊豔麗的落霞、水清沙幼的海灘等，都是大自然給予我們最佳的免費娛樂。試回想最近一次接近大自然的經歷：你的眼睛看到什麼呢？還記得周遭事物的顏色、形狀、大小、高低或層次嗎？你還聽到什麼？嗅到什麼？觸摸到什麼呢？「細味」是指擴闊個人對一些正面經驗的不同觀感體驗，從而增強對該事物的欣賞之情。細味亦能令我們自然地牢記一些美好的經驗，將來回想起來更能重現那份良好的感覺和回憶。[4]

還記得上一次拿出兒時的相簿，看着看着又哭又笑，美好的回憶蜂擁而至的感覺？又可記得最近一次收拾舊東西的時候，手中拿着一塊陳年舊獎牌的心情？**因憶起一些過去美好的經驗而感受到的正面情緒，正向心理學稱之為「正面回憶」(Positive Reminiscence)**。正向心理學家 Sonja

Lyubomirsky 與她的研究人員發現，單是在腦海中「重播」或回想起過往的成功經驗，已可增加對自己的正面想法；過度分析這些經驗則會帶來反效果。就如一口井，過往的成功經驗或情緒高位，往往成為重新滋潤我們已枯竭生命的最佳泉源。以下是一些加強正面回憶的實際方法：

- 嘗試以一個正面的角度，回想自己過去某些事情；
- 研究發現，人在獨處的時候更容易進入回憶的狀態；
- 使用一些紀念品或值得紀念的東西，如獎杯、獎牌、證書、相片、書籍、舊衣裳、飾物等，增強對過去的回憶；
- 試用自己獨特的方式保留美好的回憶，如拍照、筆錄、描繪等；
- 多與友人分享和描述過去美好的經歷，讓回憶保持新鮮和得以更新。

4.「靜觀」的人生態度

曾聽過一個有關「禪」的故事：話說在一間寺廟內住了一位老師父和小和尚。一天，小和尚一邊在庭院內打掃落葉，一邊思想複雜的佛學哲理。剛巧老師父經過，小和尚便抓緊機會問老師父：「師父，到底什麼是『禪』呢？」老師父微笑道：「『禪』的真諦，就是吃飯時吃飯、睡覺時睡覺、掃地時掃地。」小和尚聽畢，便一臉尷尬的繼續掃地去。接下來介紹的「靜觀」概念，其實與禪學的思想頗有淵源。**「靜觀」（Mindfulness）泛指一種具彈性、開放式的思維，是對任何主觀經驗加以接納的生活態度。**要體驗「靜觀」，你可以此刻的境況來練習一下，請讀以下描述：

4.1 靜觀練習

- 留意現在你手中這本書的重量和你手接觸這本書所產生的觸覺；
- 留心你身體的感覺，就如你身體接觸椅上的感覺，感受一下身體的重量、背靠椅背的感覺和雙腳踏在地上的感覺；
- 留心聽四周的聲音，但不要以喜惡的心去判斷這些聲音；
- 留心你的呼吸，感受空氣如何進出你的鼻孔，留心呼吸的快慢輕重緩急的節奏；
- 留意任何在腦海中浮現的意念，但不要加以判斷或批評，試以觀察者的角度去觀看這些意念，讓它們自然地來，自然地走。

學者 Jon Kabat-Zinn 和 Marsha Linehan 成功將靜觀的核心理念翻譯成非宗教色彩和科學化的心理治療和介入手法，並被廣泛引用於一些減壓課程中。一個人靜觀的時候，能夠對一切發生的事物都加以留意和敏感，更能活在當下。Linehan 認為，靜觀練習可以培養理性與感性的融合，從而達到兩者的平衡。[5] 她提供了三個途徑，第一個途徑是觀察和察覺當下內在或外在的經驗；第二個途徑是用平常心去形容和描述所觀察到的人和事，第三個途徑是拋開強烈的自我意識，全然投入現在的體驗。要做到以上三種境界，她認為要有以下的三種心法：不去批判、全神貫注、為較長遠的人生目標放下當前的執著。

靜觀的其中一個核心概念，就是對任何人、物和事採取一種不批判的態度。要做到不加以批評和判斷，我們須要一定程度的抽離和觀察，像旁觀者。對一切外在或內在、正面或負面、好或壞、應該或不應該的情況，都以旁觀、接納的態度去觀察。於情緒受困擾的人士而言，這「一切」當然包括一些強烈而負面的情緒，如憤怒、抑鬱、焦慮等，以及一些痛苦的回憶或經驗。怎樣才可以做到像旁觀者一般的看事物呢？試試以下簡單的意象練習：

4.2 意境練習

想像自己身處火車站月台。你一個人站着，望着火車即將到站的方向。火車聲由遠漸近，愈來愈近，你終於看見火車到站了。火車的隆隆聲有點吵耳，但你不加批評或抗拒，只是站着觀察。你看着火車到站，車門打開，乘客有上有落……你只是靜靜地觀察。火車要離開了，你依然站在月台上，望着火車由慢至快離開，漸漸遠去，直至看不見它的蹤影。

以上小練習和比喻是以視覺意象的形式，來增加我們的靜觀感和非批判性思維。多用靜觀的態度看事物，我們將更加能夠活在當下，從生命中得着更多。其中一位作者（姚氏）曾引用該練習於一些正向心理課程當中，一些學員反映，在練習的過程中曾有不少擾人的思緒浮現腦海，以致不能完全集中。顧名思義，靜觀是學習對事物留心觀察、不加以批評，若有擾人的思想出現，也不用抗拒它們，只須從旁觀察，留意它們，直至思緒消散，然後再將注意力帶回練習當中便可。

事實上，靜觀不單是一些實際的練習和技巧，更是一種生活態度。因此，無論做什麼，嘗試從一個靜觀的角度去看，你對周遭事物的觀察力和敏感度將會大大提升。靜觀就是把注意力集中在當下這一刻，單純察覺自己內在的思想、感受、經驗、反應，不夾雜絲毫判斷，能夠做到不因喜而趨，不因惡而抑的境界。在心思意念上，完全從自己的感受中撤退下來，從而達至一個更廣闊的思維角度。在意識層面上，要學習冷靜地察覺自己的思想內容，不作出任何反應；學習接受此乃一個思想，即使是負面思想，也只是此刻從腦海中出現、接近、經過，然後遠去，就像一片白雲在天空中出現、漂浮，由近至遠漸漸消逝。

所以，靜觀是指一種「察覺」—— 不加多、不減少的察覺。察覺的好處，在於更能讓我們放開一些執著的想法。除了靜觀的思想練習，各位讀者亦可嘗試靜觀地呼吸、靜觀地吃、靜觀地做運動等，都能有效培養專注和接納。根據一些靜觀練習課程的結果顯示，靜觀可以減少焦慮、培養專注、減低抑鬱復發、提升免疫能力，以及能更有效管理因長期傷殘所帶來的情緒壓力等，可見靜觀對身心都有裨益。

另外，一行禪師（Thich Nhat Hanh）形容，我們能透過靜觀去體驗和察覺任何身邊的人和事，用慈悲的心看待，便能深化人與人的關係，明白個人與歷史、環境和文化之間的關係，減少不必要的痛苦，轉化傷痛為行動、接納、自由、和平和喜樂。[6]

話你知

靜觀冥想的妙處

腦神經學者 Davidson 利用腦電圖（EEG）觀察長期修煉冥想的僧人和普通人大腦活動的分別。[7]他發現正在練習冥想的僧人會發出不同波段的腦電波，而平日我們只會在極度放鬆的時候才會發出這些腦電波。練習冥想的時候，僧人的左側前額葉皮質也比正常人活躍，這部分同時是我們腦裏對正面情報作出反應的地區。總括來說，冥想的狀態是極度放鬆又高度警醒的狀態，長遠來說，可為身心帶來很多好處，例如

- 減少血液中與焦慮情緒有關的乳酸鹽（Lactate）
- 降低血壓
- 加強血液循環
- 緩慢深長的呼吸
- 心跳減慢
- 紓緩緊張
- 增強創造力

5.「活在當下」的哲學

我們惟一真正擁有的——只有當下，就是現在這一刻。

Sogyal Rinpoche

古語有云：「活在當下，行在今日。」意思是勸喻人要全心全意投入現在的生活，不要受過去的枷鎖所綑綁，或被未來的憂慮牽着鼻子走，將全部能量都集中在這一刻，好好把握每一刻的機遇，以實際行動來實現自己的目標和理想。簡單來說，是完全投入和享受當下所做的事情，活在這一秒鐘，而非過去或將來。可是，請別誤解，活在當下固然重要，但並非指我們再不需要從過去的失敗經驗中學習，回味過往成功的經驗，或為將來作出適當的計劃和安排。同樣，活在當下亦不應該成為我們放縱慾望，做事不顧後果的藉口。

綜合來說，我們建議你嘗試以下的體驗方法：

- 要珍惜和享受現在所擁有的，不要自困於對過去的遺憾和對將來的憂慮中；
- 為自己的生活造就多一點神馳的經驗，增添愉快的時光；
- 細味此刻一切美好的事物，回味以往美好的回憶；
- 學習和實踐靜觀的生活態度，讓靜觀成為一種習慣和心態；
- 做這一切之餘，別忘了要好好「活着」，投入體驗生活的每一刻！

其實，活在當下的哲學和人生態度很切合中國人某方面的思想，特別是佛家的思想。佛家的智慧是教人如何脱苦，人生本來就是苦的（佛家有所謂「人生八苦」：生苦，老苦，病苦，死苦，愛別離苦，怨憎會苦，求不得苦，五盛陰苦。〈涅槃經十二〉），人若想要脱苦，就需要學習「破執」，因為執著自己的慾望，不願接受人生的變幻，乃苦痛的根源。活在當下就正是不執著的人生態度，心中只有此刻，全心去經驗當下，有助脱離對過去和將來的種種執著。當然，活在當下的哲學並非佛家所獨有的，其他宗教和哲學都有類似的生活智慧。

雖然我們非常強調活在當下的重要和好處，但我們並非盲目推崇「只有當下」，我們並不認為只有當下此刻才是惟一的。反之，**人生是一個延續的故事，你這位主角是由過去、現在和未來交織而成，回顧自己的過去和展望未來的人生是你必須做的事。**活在當下是專注於每一刻，包括那正在回顧或展望的經驗，但不被過去愉快或不愉快的事困擾或沉溺其中，不恐懼和憂慮未來，這種整全平靜的心態才是面對人生最理想的態度。

細味美好回憶練習

找一個安靜不受騷擾的地方，可以是一個人獨處斗室，或獨自在大自然、公園或街道中漫步，放鬆心情，然後開始細味近來一個美好的回憶，不用心急，仔細體會整個經歷，你可回想：

- 事件發生的時間、地點人物等細節；
- 在事件中看到和聽到什麼？
- 在事件中你所經驗到的愉快正面的感受和想法；
- 試仔細形容那種主觀的經驗，那種愉快感覺是：興奮？恬靜？暢快？滿足？驚歎？完滿？其他？
- 你感到愉快的原因和理由；
- 這次愉快經歷對你有何影響？可有增加你的正能量、抗逆力和自信？
- 你可有方法去重新經歷類似的愉快事情？你可以安排哪些行動再去經驗，或使它經常出現呢？

做完這個練習之後，請檢視一下自己此刻的感覺，與做這練習之前可有不同？哪方面不同呢？你願意經常去做這個練習來提升自己的愉快情緒嗎？

靜觀式進食（Mindful eating）

因時常過分專注於自己的活動，你會忽略生活中很簡單的樂趣和喜悅。如果你想在日常生活中更易感到平凡的喜悅，一個較容易的練習就是靜觀地進食。當吃東西時，你可試用以下方法：

1. 慢下來，專注；
2. 細心觀看你的食物；
3. 留心食物的顏色、條紋、形狀等；
4. 用鼻去感受一下食物的香味；
5. 將食物輕輕放到唇邊，輕輕接觸一下；
6. 用舌尖去碰觸一下食物；
7. 將食物放入口中，但不要咀嚼，感受一下食物在口中的感覺；
8. 很慢很慢地 / 一口一口的咀嚼食物；
9. 留心食物味道的每一個變化；
10. 感受食物如何進入你的食道；
11. 嘗試用這種靜觀的方法去進食，至少用 30 分鐘來進食一餐。

假使你用以上方法進食，你會漸漸感到內心很平靜，亦更能細味享受你的進食過程。

活在當下練習

請記住，喜樂的感覺是現在式，不是過去或將來式的。你可嘗試專注於當下此刻，細味生活每種美好的經驗，不妨考慮用靜觀專注的心去享受以下活動：

- 走到大自然，享受大自然的奇妙；
- 好好吃一頓飯，享受食物帶來的樂趣；
- 與朋友進行一場交心的談話；
- 用專注的態度做家務，享受當中的過程；
- 與小孩子一起玩耍，完全投入小孩的活動中；
- 靜坐冥想，不為任何目的。

註釋

1. Csikszentmihalyi, M. (1990). *Flow: The Psychology of Optimal Experience - Steps towards Enhancing the Quality of Life.* New York: Harper Perennial.
2. http://en.wikipedia.org/wiki/Flow_(psychology), 11 November 2009.
3. Csikszentmihalyi, M. (1990). *Flow: The Psychology of Optimal Experience - Steps towards Enhancing the Quality of Life.* New York: Harper Perennial.
4. Lyubomirsky, S. (2008). *The How of Happiness: A Scientific Approach to Getting the Life You Want.* New York: The Penguin Press.
5. Hayes, S. C., Follette, V. M., & Linehan, M. M. (Eds.) (2004). *Mindfulness and Acceptance.* New York: Guildford Press.
6. Nhat Hanh, Thich (1992). *Peace Is Every Step: The Path of Mindfulness in Everyday Life.* New York: Bantam Books.
7. Davidson, R. J. (2002). Toward a biology of positive affect and compassion. In Davidson, R. J. & Harrington, Anne (Eds.). *Visions of Compassion: Western Scientists and Tibetan Buddhists Examine Human Nature.* Oxford: Oxford University Press.

第六章

喜樂品格：良好品格和優點

對一個人的評價，不可視其財富出身，更不可視其學問高下，而是要看他的真實品格。

~ 英國哲學家培根（Francis Bacon）

品格是最難下的定義，但它卻是人生中最具影響力及重要的東西。

~ 西方諺語

1. 引言

馬丁路得．金有一句名言：「我有一個夢想，就是有一天，我四個孩子所生活的國家，不再以膚色來斷定一個人，而是以品格的內涵來斷定一個人。」2009 年台灣教育高峰論壇的主題為「回到教育原點：品格教育」。正因為台灣道德低落的事件層出不窮，教育界人士紛紛起來，邀請國際知名教育學者，共同探討和尋求建立國民質素的重要基石。學者認為從孩子年幼時起便建立良好品格是非常重要的，培養良好品格不應該只在學校，更要在社會和職場之中，一切做人處事都須按良好品格而行。反觀今日的香港社會不道德的事件無日無之，如援交、濫藥、暴力等，人們往往為追求個人利益、名譽和金錢，竟然放下自尊，甚至傷害他人，這都叫人感到十分痛心。

正向心理學對快樂和美好生活其中一個特別的貢獻，就是它重點研究個人美德和性格優點，視它們為快樂人生的基石。無可置疑，個人的性格和心理質素的確決定了我們如何面對人生和回應現實環境。在同一處境之中，不同性格的人可以有截然不同的回應，帶來截然不同的結果。因此，若想要過喜樂的人生，你就得留心培育良好品格，儘量發揮自己的美德和性格優點，這是近年心理學研究的共識。

2. 品格養成，喜樂人生

從古到今，幾千年來，中西文化都有類似概念，就是培養人的品格，才可步向快樂人生。

中國傳統的儒家思想，重視三綱（君為臣綱，父為子綱，夫為妻綱）、五常（仁、義、禮、智、信），孝、悌、忠、恕、禮、義、廉、恥等觀念，這都是中華民族的傳統美德，範疇廣泛，涵蓋生活各個層面。只要細心思想，你會發現每項傳統美德都是行事為人和處世準則，目的是建立個人道德修養、和睦家庭及和諧社會。可見修身和品格培養是儒家對快樂美滿人生其中一個重要的處方。

另一方面，正向心理學亦以研究美德和性格優點與正面情緒的關係為重點。沙利文在其著作 *Authentic Happiness* 中，提到人們很喜歡以短暫快捷的途徑來賺取歡樂，如看電視、逛街、縱慾、吸食毒品等，他認為這些途徑都是短暫的，歡愉過後只會帶給人更大的空虛感。**惟有經過自己的努力，善用個人美德（virtue）和優點（strength），投身有意義的活動，才會產生一種良好的感覺，這種感覺便是真正的快樂。**[1] 這章將為你介紹正向心理學研究的 6 種美德和 24 種性格優點，你若能在日常生活中認識及發揮自己獨有的優點，將可享受極大的滿足和快樂。

話你知

性格優點與生活滿意度的關係

沙利文提出的 24 項性格優點（character strengths）中，研究發現當中有 5 項與我們的生活滿意度相關性最高。在一項研究中，沙利文與同儕收集 5,299 位成年人於互聯網上完成的〈價值實踐（VIA）凸顯優點調查〉（VIA Survey of Character Strengths）及〈生命滿足問卷〉（Satisfaction with Life Scale），資料用作了解及分析各個性格優點與生活滿意度的關係。

調查結果顯示，希望、熱情、感恩、好奇及愛和被愛的能力，與生活滿意度有較為明顯的關係。感恩將人的過去正面地連繫着，希望帶領人們正面地面對將來，而熱情及好奇心則集中於此時此刻的人生。愛和被愛的能力就是整個人生中令人最感滿足的範疇，可見這 5 項優點與生命滿意度的關連的確很大。

該項研究亦嘗試探討特別過人的性格優點會否影響生活滿意度。研究結果顯示，除了對美的欣賞、好奇及謙遜這幾個優點，其他性格優點都有助生活滿意度，這些優點愈強，生活滿意度便會愈高。[2]

3. 品格與美德的定義

據《國語辭典》所載，品格（character）又稱為品德，而美德則指美好的德性／品德（character trait），代表一種優良的品質、情操和行為。一個富有美德的人，也是一個具備氣質的人，可被視為有涵養及具備內在美。[3]

正向心理學如何理解美德與品格呢？沙利文和 Christopher Peterson 認為，美德與性格優點是個人的內在元素，人可以發現、創造和擁有個人的性格優點，繼而應用到日常生活。性格優點應具備以下特徵：

（1）性格優點是一種特質：人們若擁有某些性格優點，他們在不同的環境和時候都可發揮出來。

（2）性格優點是有價值的：這些優點會帶來正面的後果，例如一位具有領導才能的人，通常都較易獲得晉升、讚賞和名譽等成就。

（3）性格優點人人都渴望擁有：父母通常期望子女能夠具備這些性格優點，甚至在這方面用心去培養子女。

（4）性格優點的表現往往可以激勵旁人：當一個人展現他的優點時，旁人往往會感到羨慕而非妒忌。

對個人及主觀經驗而言，發揮自己的性格優點時會出現以下情況：

- 你自覺擁有那些性格優點和美德，並不斷在日常生活中把它們發揮出來；
- 當你運用這些優點時，你會感到很易投入和活力充沛；
- 在涉及你優點範疇的事情上，你會學習和成長得特別快；
- 你的內心會有一種儘量去發揮自己優點的渴求；
- 你的生活目標往往會配合這些優點，生活自然成為發揮它們的舞台。

沙利文認為，美好人生建基於持久運用性格優點，於生活各重要範疇（如家庭、事業、社區等）做有意義和價值的事，這樣便可得到極大的滿足和真正的快樂。[4]

3.1 美德與優點的研究和分類

過往的心理學集中研究人的精神問題和醫治方法，因而出現《精神疾病診斷統計手冊》（簡稱 DSM），一本被國際公認為可靠、可信和一致的診斷手冊。然而，正向心理學的焦點剛好相反，乃是專注研究人的美德和性格優點，及其運用和實踐；並參考 DSM，設計適合世界各地性格優點的評估及分類方式，並建立一個客觀的測量系統。

沙利文與 Christopher Peterson 歸納整個世界橫跨幾千年文明，比較各種不同的文化傳統、價值觀念和哲學理論，發現大部分文化都包含了 6 種美德和達致這些美德的 24 種性格優點，如下表所示：[5]

美德	性格優點
1. 智慧與知識	創造力（靈巧性和獨創性） 好奇心（興趣，尋找新事物，對不同經驗抱開放的態度） 開明的思想（判斷力，批判性思考） 喜愛學習 洞察力
2. 勇氣	英勇（勇敢） 堅持（毅力，勤奮） 正直（真摯，誠實） 生命力（興致，熱心，活力，幹勁）
3. 仁愛	愛和被愛 仁慈（寬厚，培育，關懷，憐憫，無私的愛，善良） 社交智慧（情緒智慧和個人智慧）
4. 公義	公民感（社會責任，團隊精神，忠心） 不偏不倚 領導才能
5. 節制	寬恕和慈悲 謙恭和謙遜 審慎 自我規範（自我控制）
6. 靈性及超越	對美麗和卓越的欣賞（讚歎，奇妙，提升） 感恩 希望（樂觀感，未來意識，未來方向） 幽默感（挑皮） 靈修性（宗教性，信念，目的）

這個性格優點的分類系統被稱為價值實踐（Virtues in Action，簡稱VIA）性格優點分類（VIA Classification）。若你想知道自己的性格優點，可登入正向心理學的網站 www.authentichappiness.com，填寫一份〈價值實踐凸顯優點調查〉，問卷備有英文、中文和西班牙文三種版本，約需 25 分鐘，填寫後可即時在網上得悉結果。這個調查會把你的答案與幾千名填寫人比較，然後依序排列出你優點的強弱，首五項被稱為凸顯優點（Signature Strengths），它們就像我們的簽名一樣，代表着個人最獨特的地方。

我們將會在下文逐一説明每項美德與優點，[6] 並參考學者 Tayyab Rashid 的 340 Ways to Use VIA Character Strengths，在「建議方法」一欄，提出發揮個人優點的方法。[7] 如你發現與自己的優點接近，請在圓圈內加上 ✓ 號。

（1）智慧與知識（wisdom and knowledge）

這項美德是層層遞進的，由追求最基本的優點——「創造力」入手，進而步向較成熟的優點——「洞察力」。

代表人物：愛迪生

愛迪生被譽為世界上最傑出的發明家，一生發明超過二千多種，對後世影響最深遠的是電燈。雖然他自幼家境貧困，只接受了三個月的學校教育，但他喜愛學習，勇於嘗試，對事物的好奇驅使他作出多種發明。少年時代愛迪生已對科學產生濃厚興趣，憑藉對事物的洞察力和不怕挫敗的冒險精神，獲取了豐富的物理、電學、化學等知識，在無數實驗中不斷嘗試和創新，成就了發報機、電燈、電影攝錄機、電影放映機、留聲機等多項偉大發明，對後世貢獻良多。

○ **創造力（靈巧性和獨創性）**

當你想獲取一些想要的東西時，你會嘗試用新的方法，而不會用他人慣常的模式。

建議方法

- 每星期一次，撰寫一篇文章或以繪畫將你的情感表達出來。
- 認識和觀察一些具創意的人，從他們身上探究其獨特之處。

○ **好奇心（興趣，尋找新的事物，對不同經驗抱開放的態度）**

你對世界的事情持開放和主動認識的態度，當與自己先前所經驗的事情或看法不一樣時，你能有彈性地處理。

建議方法

- 每星期三次，每次半小時，透過書本 / 互聯網 / 報章 / 雜誌 / 電視 / 電台，擴闊自己的知識領域。
- 每年至少一次到訪一個城市或國家。

○ **開明的思想（判斷力，批判性思考）**

你願意仔細思考和探究事情的各方面，尋求理性客觀的證據，然後才作出適當決定。

建議方法

- 開始一個活動時，問自己三個問題：為何要去參與？何時參與？如何參與？
- 當你面對新挑戰時，想像最佳和最差的情況，然後決定對自己最可行的方案。

○ 喜愛學習

你喜歡學習新事物，不論任何環境，都把握機會。例如除了工作時使用電腦外，放工或回家後也愛使用電腦，還會閱讀電腦書籍或逛電腦商場，研究多項電腦知識。

建議方法

- 參與你感興趣的研討會和工作坊。
- 每星期至少一次，有計劃地學習一樣新知識，思考如何運用於生活之中。

○ 洞察力

這是追求智慧與知識最成熟的優點。你具有一套看世界的方式，能貼近或包容別人和自己的看法，並能幫助人解決問題。

建議方法

- 幫助自己建立一個包含不同見解的社交網絡，當你需要諮詢他人時，便可尋求他們的幫助。
- 閱讀名人雋語，嘗試參考他們的看法建立自己的新觀點。

（2）**勇氣（courage）**

這種美德是指在不理想的環境下，仍然願意為目標勇往直前。

代表人物：華盛頓

美國第一任總統華盛頓，小時候因試用父親送給他的小斧頭，砍倒屋外一棵櫻桃樹。父親發現後憤怒地向華盛頓查問究竟，華盛頓竟毫不猶豫向父親認錯。父親因兒子誠實認錯便原諒他。這故事一直為世人傳頌，甚至成為課堂教材。

○ **英勇（勇敢）**

你能夠將懼怕的情緒與其相關的行動分開，假如你懼怕在眾人面前演講，但因着需要，你仍然願意控制害怕的心情去面對，這便是勇敢的表現。

建議方法

- 嘗試保護一些弱勢的人，並為他們表達意見和爭取權益。
- 學習表達自己與別不同的看法。

○ **堅持（毅力，勤奮）**

做事有始有終，縱然事情困難，你仍能欣然接受及把它做好；或許工作量頗多，但你仍樂意完成。

建議方法

- 為自己計劃一件重要的事情，並承諾在指定時間內完成。
- 參加學習時間管理的課程。

○ **正直（真誠，誠實）**

不論做事或說話，你能真誠地對待自己及別人。

建議方法

- 監察自己的說話，留意每天是否有說謊。
- 學習和實踐個人專業上的道德操守。

○ **生命力（興致，熱心，活力，幹勁）**

你對生命充滿幹勁和熱情。每天醒來，你急不及待開始一天的新工作。

建議方法

- 每星期進行兩至三次運動，然後檢視對你生命力的影響。
- 工作全情投入，熱愛自己所做的，並與其他人分享經驗。

(3) 仁愛（love and humanity）

一種與他人有正面社交互動的表現，對象包括朋友、家人，甚至初認識的人和陌生人。

代表人物：德蘭修女

德蘭修女一生濟世為懷，拯救孤苦無依的平民老百姓。先後成立了「仁愛傳教修女會」、「兒童之家」和「垂死人之家」，讓身體軟弱和貧窮人得着安樂窩。她一生獻給天主，過着刻苦與簡樸的生活，把自己所有的給予有需要的人。本着仁愛和憐憫的精神，走訪世界各地，將基督無私的愛、樂觀與希望帶給世人。於 1979 年她更獲頒「諾貝爾和平獎」，肯定她對世界的貢獻。

○ **愛和被愛**

一種與別人存在着關愛的關係，當你以愛待人時，別人亦以愛回應。

建議方法

- 送贈禮物給你的朋友，表達對他 / 她的關懷。
- 不論以語言或非言語的形式，嘗試向你所愛的人表達愛意。

○ **仁慈（寬宏，培育，關懷，憐憫，無私的愛，善良的表現）**

凡事為人設想，看別人比自己重要；當別人需要你幫忙時，你義不容辭。

建議方法

- 為你重視的人預備一頓晚飯。
- 把個人物品送贈有需要的人。

○ **社交智慧（情緒智慧和個人智慧）**

你了解自己和別人的情緒、脾性、動機和意向，並能因應這些知識而作出適當的反應。

建議方法

- 觀看電影，然後寫下自己在過程中所引發的情感。
- 嘗試關心和了解別人的需要。

(4) 公義（justice）

這種美德一般顯示在公民活動之中，與團體相關，例如家庭、社區、國家，甚至世界。

代表人物：馬丁路得．金

馬丁路得．金是美國著名民權領袖。他是一位黑人，為着所有人能得到公平和合理的待遇，畢生致力以非暴力抗議的方式為黑人爭取合理權益。他不畏強權，提倡人人平等，竭力爭取終止種族隔離法，使黑人也有權進出餐廳、飯店、學校、公共交通等公眾地方。他的名言是：「我夢想有一天，這個國家會站立起來，真正實現其信條的真諦。我們認為這些真理是不言而喻的：人人生而平等。」

○ **公民感（社會責任，團隊精神，忠心）**

你享受在團體中成為一分子。你忠於你的團隊，並樂意與人分享，為着使團隊成功而不斷努力。

建議方法

- 每星期參與義工服務。
- 每月至少參與一次社交聯誼或團體活動。

○ **不偏不倚**

你給任何人同等機會，在做決定時，不會受自己的主觀情感所影響。

建議方法

- 在討論過程中，給予每個人平等參與的機會。
- 為着某些社會公義的事情，寫信予報刊編輯，發表意見。

○ **領導才能**

你能夠把團隊的工作做好，維持良好的團隊關係。

建議方法

- 為同事舉辦一次聯誼活動，組織所有人參與。
- 在團隊中，邀請不同的人輪流充當領袖，讓各人都有機會作領導者。

(5) 節制 (temperance)

這種美德指能夠適切和恰當地表達個人需求。當環境不容許滿足需求時，你願意等候，直到機會來臨才去表達。

代表人物：孔子

孔子被譽為「萬世師表」，在他七十二位入室弟子中，最為人認識的是顏回。《孔子家語》記載，顏回向孔子請教何謂仁德，孔子表示：「克己復禮為仁。一日克己復禮，天下歸仁焉。為仁由己，而由人乎哉？」顏淵再詳細查問，孔子回答：「『非禮勿視，非禮勿聽，非禮勿言，非禮勿動。』顏淵曰：『回雖不敏，請事斯語矣！』」（《論語・顏淵》）

孔子主張為人要克己和謹慎，多注意自己的行為是否正確和合乎禮節。

○ **寬恕和慈悲**

你能寬恕那些對不起你的人，以及你經常會給予別人第二次機會。

建議方法

- 按着你的信仰或信念，學習如何寬恕別人。
- 當你經歷被別人傷害時，嘗試回憶自己曾傷害他人，最後被人寬恕的經驗，然後運用此經驗寬恕現在傷害你的人。

○ **謙恭和謙遜**

你不看重自己的成就和別人的眼光。

建議方法

- 不在人前刻意表現自己。
- 假如是自己有錯，即使在後輩或較自己年幼的人面前，也願意説「對不起」。

○ **審慎**

你做事有遠見和審慎，不會做一些令自己後悔的決定。

建議方法

- 當要説些重要的話時，先思量兩次。建議每星期進行這項練習十次。
- 讓自己在平靜安穩的心情下作決定。

○ **自我規範（自我控制）**

你知道怎樣控制自己的慾望、需要和衝動。當不好的事情發生，你可以調節情緒；當負面情緒出現，你懂得調適並將情緒轉化為中立；當感到厭煩時，你會令自己感到愉快。

建議方法

- 有計劃地安排每天的工作，並使之順利完成。
- 當你感到不愉快時，嘗試控制你的情緒和轉移聚焦於正面的事情。

(6) 靈性及超越（transcendence）

這是一種情感方面的美德，它能超越自我，將自己連繫到更廣大和更恆久的東西上，包括與他人、與將來、與神明和與天地萬物之間的連繫。

代表人物：盧雲神父

盧雲神父生於荷蘭，是著名靈修及牧養神學作家，著作深受世界各地的人推崇。他先後任教於聖母院大學、耶魯大學和哈佛大學。在人生最後階段，他毅然離開哈佛大學，去到「方舟團體」在多倫多的「黎明之家」服侍，他領受上帝的召命，晚年忠心與一羣弱智人士生活。在其著作中，他以愛的文字流露他尋得一個家。在人眼中這羣弱智人士貧窮和需要別人照顧，但他們卻會愛上帝和依靠上帝，盧雲神父從中看到「貧窮」背後的「快樂」。他認為能為生命的好事壞事、喜樂哀傷、成功失敗感恩，才算是感恩的人。在盧雲神父身上，我們看到一種超越自我的境界。

○ **對美麗和卓越的欣賞（讚歎，奇妙，提升）**

你能夠欣賞所有，不論自然、數學、科學和人為的東西，並對這些東西充滿讚歎。

建議方法

- 美化家居環境，為家居加添一些氣氛。
- 每天留意一項大自然的奇工，如太陽、天氣、雲彩、樹木、葉子、雀鳥等等。

○ **感恩**

你能對人與事，甚或大自然存感激之意（詳見第四章）。

建議方法

- 每天睡覺前，思想三個當日值得感恩的人或事。
- 當你進食前，思想一下哪些人對你所吃的食物作出貢獻。這練習每星期至少進行一次。

○ **希望（樂觀感，未來意識，未來方向）**

你對未來充滿希望，看事情總是從好方面去想，相信只要努力，好的事情便會發生。

建議方法

- 嘗試從每次不愉快的經歷中，找出至少兩項正面的事情。
- 當遇上不愉快的事情時，嘗試與能給予你正面看法的朋友分享。

○ **幽默感（挑皮）**

你很喜歡說笑和經常將歡笑帶給他人。

建議方法

- 每星期觀看一套喜劇電影或漫畫。
- 收集笑話，並在社交中多練習說笑。

○ **靈修性（宗教性，信念，目的）**

你對人生和天地萬物抱有堅定的信念，你知道自己的人生目標。

建議方法

- 每天花五至十分鐘進行反思、默想、靜觀、敬拜或禱告。
- 每天花半小時閱讀有關靈性與宗教的書籍。

備註：當你在每種美德之下愈多 ✓ 號，你愈有可能擁有該項美德。

3.2 培育品格與美德的八大祕訣

我們相信，每一個人皆有其獨特之處，都擁有個人美德與性格優點。人的高尚並不取決於金錢多少、名聲好壞、職位高低等，應該取決於品格的好壞。良好的行為應由心出發，就如當你看到一位年長的婆婆，掉了東西在地上，你不會先考慮有否旁人稱讚或會否得到任何回報，才決定是否幫助婆婆拾回。一個良好品格的人，本着愛與慈悲的精神，應該會立即伸出助人之手。所以品格培育是非常重要的。以下是我們提供的八種培育品格途徑。

(1) 從幼做起

2009 年 4 月，一個名叫「香港有品」的團體進行了一項「子女品格教育問卷調查」，訪問了 7,700 位家長及學生。研究發現，家長表示親子時間運用如按先後次序排列，會以培養孩子的品格為首，其次是督促學業、教導自理能力、培育興趣等。[8] 由此看來，大部分家長都頗重視孩子的品格。事實上，當詢問年幼孩童的父母對子女的期望時，一般家長都表示希望子女將來能夠成為有用的人。事實上，假如父母在孩子年幼時都能重視他們的品格培育，很可能已為子女的人生奠下幸福和快樂的基礎。

(2) 學校

兒童及青少年在學校，與師長和同學一同學習、嬉戲、分享喜與憂，無可否認校園生活對他們極為重要。因此，學校在培育學生的品格上也扮演一個重要角色。在這個既安全又特定的環境中，學生的個性特質和美德可以漸漸地被塑造和培養，例如學生若參加課餘活動，可培養出領導力、親和力和意志力等性格優點。

(3) 工作

Robert Biswas-Diener 和 Ben Dean 歸納各方研究，發現機構若選擇發揮員工優點，總比改善他們的缺點更見效。[9] 所以當我們在職場上看到下屬有不善之處，與其花盡心機與他們討論和尋求改變，倒不如嘗試幫助下屬發掘自己的優點，給予工作上發揮的機會，讓他們在工作中看到自己的價值，從而對公司建立歸屬感和信任，相信這種做法對員工的發揮比改善缺點更為有效。

(4) 積極發展個人的凸顯優點

Christopher Peterson 認為人應該在工作、感情、遊戲和教養孩子等方面積極發展自己最強的 5 大優點，這樣生活才可變得更豐盛和成功。他建議我們應該先在網上完成〈價值實踐優點調查〉，便知道自己最獨特的首 5 項優點。之後，我們可以想出各種創新方式來發揮這些優點。[10] 依據 Peterson 的研究，當我們每天都善用這些優點時，我們的快樂情緒也會隨之提升。

(5) 積極發展與生活滿意度相關的優點

前文提及沙利文的研究發現，在 24 個性格優點中，希望、生命力、感恩、好奇心及愛和被愛的能力這 5 項優點與我們的生活滿意度的相關係數最高，表示它們彼此的關連最大，可能表示愈擁有和發展這 5 項性格優點，個人的生活滿足感會愈高。因此，你不妨嘗試積極培養和發揮這些優點，應用在生活之中，提升生活的滿足感。

(6) 閱讀名人故事

我們可以透過閱讀名人或偉大人物的故事和傳記，了解這些人物的成長和優秀的個性，從中仿效他們，潛移默化地建立起自己的美德和品格。

(7) 與人結交，彼此分享

前文提及一個真正擁有美德的人，他所表現出來的行為會激勵他人，使人羨慕，而不會叫人心生妒忌。因此，我們可以多與個性特質健康的人交往，彼此分享，一同參加有益的活動，從而透過相互接觸，模仿對方的優點，潛移默化之下使之也成為自己的美德。

(8) 自我反思

我們生活急促忙碌，每天都是營營役役地工作，許多時候都沒有空間反思自己的所想所行。因此，我們可選擇每天花至少半小時，閱讀一些靈性的書籍或聆聽柔和的音樂，讓自己的心靈得享安寧，進而思想一下日常生活中為人處事和待人接物，以擴展自己的美德與優點。

4. 結語

真正的快樂，是由心出發，良好的品格和美德則是重要的基石。不論是傳統文化或是近年流行的正向心理學，都不約而同指出：能認識及發揮個人美德及性格優點，是活得美好和喜樂的祕訣。本章為你介紹了沙利文博士及其同儕歸納出來的 6 種美德和 24 個性格優點，你大可透過標準化的問卷或自我探索來確定自己的優點，並於生活中用心盡力實踐這些長處，自能得到快樂和滿足。

當然，發揮優點之餘你也要留心自己的性格缺點，看看能否加以改善，很多不快樂的原因都可能與這些缺點有關，例如因粗心大意而屢犯過錯，或因太自私自我中心而失去友誼。你要正視自己的缺點，儘量加以改善。當然我們要承認沒有人是完美的，要學習接納自己不易改掉的缺點，儘量集中發展優點，你才成為一個成熟和愉快的人。

最後，你可能已留意到，在 24 個性格優點中，本書前文已詳細介紹過樂觀（希望）和感恩這兩個優點，它們也被證實是與快樂和滿足相關系數極高的性格優點；第五章所探討的投入體驗生活和第七章的追求理想目標，則很可能與生命力這優點互相關連，即生命力強和充滿熱情的人自然會投入生活，為理想而奮鬥。至於第八章人際關係的建立亦很符合愛與被愛的能力，可見本書所討論的都是極為重要的快樂元素。

1. 請你思考一下，你已擁有哪些性格優點呢？

2. 你可登入 www.authentichappiness.com 填寫一份價值實踐凸顯優點問卷，量度你的個人優點。然後將你首五項凸顯優點寫在下面，比較一下第 1 題你所填寫的優點，看看它們是否相同。

3. 請你計劃一下，寫出三個創新的方法，如何在生活中發揮這些凸顯優點。

註釋

1. Seligman, M. E. P. (2002). *Authentic Happiness.* New York: Free Press.
2. Park, N., Seligman, M., & Peterson, C. (2004). Strengths of character and well-being. *Journal of Social and Clinical Psychology, 23* (5), 603-619.
3. http://dict.revised.moe.edu.tw/index.html. 11 November 2009.
4. Seligman, M .E. P. (2002). *Authentic Happiness.* New York: Free Press.
5. Peterson, C & Seligman, M. E. P. (2004). *Character Strengths and Virtues.* New York: Oxford University Press.
6. VIA Institute on Character, www.viacharacter.org. 2008. 11 November 2009.
7. Rashid, T. (2005). 340 Ways to Use VIA Character Strengths. http://www.viacharacter.org/Practoce/Exercoses/tabod/132/Default.aspx. 11 November 2009.
8. 香港有品：《子女品格教育問卷調查結果》，2009。
9. Biswas-Diener, R. & Dean, B. (2007). *Positive Psychology Coaching: Putting the Science of Happiness to Work for Your Clients.* New Jersey: John Wiley & Sons.
10. Peterson, C. (2007). *A Primer in Positive Psychology* (pp. 158-160). New York: Oxford University Press.

介紹和探討過基建篇四個喜樂的祕訣之後，**開展篇**會介紹三個同樣重要的喜樂途徑：就是實際生命中的目標、人際關係、人生意義和靈性生活，有助我們過充實有意義的人生。正向心理學相信，假如你未能紮根於人生最重要的元素：目標、關係和意義，沒有這些範疇的追求和滿足，你的快樂也不會持久和真實。基建篇的四個心理條件和素質，是開展篇三個喜樂人生元素的基礎，兩類喜樂元素是互為補充和相互發揮的，缺一不可。

喜樂的祕訣：
開展篇

第七章

喜樂方向：追求理想目標

滿足自己並不能令人得到真正的快樂，

堅定不移朝着值得追求的目標進發，

才能令人得到真正的快樂。

~美國教育家 Helen Keller

1. 引言

常聽見不少父母投訴時下的年輕人（被稱為 Z 世代的一輩），終日沉迷上網打機，放學後不是街上流連、百無聊賴地遊盪，便是回家鎖上房門上網至三更半夜。這輩年輕人到底缺乏了什麼？需要什麼？他們迷失了方向嗎？正向心理學告訴我們，原來人要活得喜樂，就要擁有和追求理想和有價值的目標。本章將詳細講解目標在我們生活中的重要性、目標的好壞和種類、長期和短期目標的制訂，和達成目標的實際方法。本章亦會引用正向心理學中的「希望」理論，深化大家對追求美好目標的認識和理解。

2. 目標的重要

為何人需要訂立目標？目標對我們的一生有何重要呢？試看看美國哈佛大學所做一項很有意思的研究，[1] 這是對一班年輕人長達 25 年的追蹤性研究，發現當中 3% 有清晰而長遠目標的青年人，25 年來一直努力不懈朝着目標邁進，最終成為社會各界頂尖的成功人士。相反，當中 27% 沒有任何目標的青年人，25 年後幾乎都生活於社會的低下階層，時常處於失業狀態，成為經常抱怨、生活很不如意的人。此研究告訴我們，目標對於整個人生有深遠而巨大的影響。一個沒有目標的人，恍如一艘沒有指南針的船，在茫茫大海中失去方向。因此，目標的主要作用在於導向和引導我們，堅定地朝着一個方向前進。

每個人一生當中都有不同且眾多的需要和追求。訂立目標幫助我們看清自己人生的使命，確立人生方向，繼而集中精力和資源，竭力朝着目標邁進。看着自己一步一步接近理想，會產生更大的成功感、動力和熱誠，推動自己不斷向前。一個划小艇過河的人，若看見愈來愈接近彼岸，相信會比在煙霧瀰漫中的人更落力划向前方。

本書第五章提及「神馳」的經驗有效提升生活的快樂。根據心理學家Csikszentmihalyi的理論，[2] 要有效達致神馳的狀態，必須先訂立具挑戰性而又能掌握，可以達成的目標。當努力追求這目標時，你可能會經驗一份樂而忘我的投入感和滿足感。因此，訂立和適當地追求明確清晰的目標，是達致喜樂人生的不二法門。

3. 目標的種類

綜合各方面的研究結果，學者 Emmons 認為大多數人會在以下四個範疇內尋找和認定自己的人生目標：[3]

- 工作 / 成就（work / achievement）
- 關係 / 親密（relationship / intimacy）
- 自我超越 / 貢獻（self-transcendence / generativity）
- 宗教 / 靈性（religion / spirituality）

正向心理學的研究發現，並非所有目標都一樣好，一樣可以讓人活得快樂。大多數人認同的人生目標當中，經常與個人的快樂程度和滿足感掛鉤的，就只有關係 / 親密、自我超越 / 貢獻，和宗教 / 靈性這三項。追求個人成就和權力，有時會對我們的生活滿足感和快樂指數產生負面影響。

其他研究亦告訴我們，人類的目標可以分兩個層次去理解。學者 Kasser 和 Ryan 將個人目標分為能滿足內在需要的**「內在目標」（intrinsic goals）**和滿足外在需要的**「外在目標」（extrinsic goals）**。[4] 內在需要指能直接叫人內心滿足的需要，如愛、關懷、自尊等；而外在需要則是指生活的外在需求，如金錢、社會地位、樣貌等。研究顯示，追求外在目標往往會為人帶來較多焦慮、抑鬱、自我中心、身體毛病等問題。過分重視和追求物質等「快餐式快樂」的「拜金主義者」，在社交和人際關係上都有較大困難，自尊感亦較低。相反，**追求內在目標和心理需要滿足，可為個人帶來較大的幸福感和喜樂**。然而，外在目標也不是完全沒有好處的，它們使人獲取資源，如金錢、時間等，去達成內在目標。因此，如果運用和配合得宜，外在和內在目標兩者是相輔相成的。

Emmons 亦指出目標分為積極性和消極性。有些人主要追求積極的**「正向目標」（positive goals）**，願望能達成一些能促進美好人生的目標；有些人則主要追尋消極的**「負向目標」（negative goals）**，如怎樣逃避痛苦、失敗、失落等。兩種目標代表着不同的人生態度。Emmons 的研究指出，負向目標愈多，幸福感、健康情況和對婚姻的滿足感亦會愈低。可以說，喜樂是以目標為本的積極人生的副產品。

一種挑戰，兩種態度

面對同一個挑戰，不同的人會採取不同的態度，有些人會選擇追求積極的「正向目標」，有些人則會選擇追求消極的「負向目標」。

阿嵐及家熙同時被公司裁員，加入失業大軍。面對同一事件，他們選擇了兩種截然不同的處理方法。家熙雖然接受了被裁員的事實，但一直都提不起勁向新目標進發。他害怕再次被裁，所以沒有尋找一些可發揮的職位；反之，他選擇了沒有挑戰性的臨時工作，工作的要求遠低於他的學歷及經驗。與家熙相反，阿嵐選擇了積極面對被裁的事，她報讀了與自己興趣及職業相關的課程，以備更穩健的基礎及豐富的知識迎接未來的挑戰。除了裝備自己，阿嵐亦十分積極尋找新工作，希望儘快找到一個更適合自己的工作崗位，發揮所長。

家熙和阿嵐朝着兩個不同的方向而行，雖然兩位最終都找到新工作，但阿嵐的快樂比家熙為高，她找到了自己的目標，在為目標努力的過程中，得到成功感與滿足感。可見，追求積極目標及消極目標帶來的不同結果。

4. 如何訂立目標

目標在人生佔極重要的位置，但成功達標不一定可以帶來滿足感和喜樂，還要看你訂立的目標是否適當、正確。讀書時努力讀書，希望考取優異的成績；長大後努力做工，寄望出人頭地、升職加薪等。這些目標或許都不是自己認真訂下的，可能只是父母、老師、朋輩等認為重要的價值取向。研究指出，現代人的空虛與抑鬱，都與他們不懂得為自己制訂合理的目標有關。假若欠缺合理而清晰的目標，我們只會虛度光陰，生活又怎會有意義呢？試回想一下，你的人生目標有多少是由別人或環境來決定的呢？

制訂正確的目標非常重要，許多人往往因不懂如何訂立目標而不能達成自己期望做到的事情。你若想訂立可行而又實際的目標，可借助心理學的目標理論：SMARTER，好的目標應有以下特點：[5]

Specific 明確詳盡

Measurable / observable 可量度 / 觀察到的

Achievable 可達到的（可分成較細的步驟）

Relevant to your situation 切合個人情況，不要人云亦云

Time-bound 有時間限制的

Evaluate 在預定時間內檢討成果

Reward 如能達標，便要獎勵自己

以下例子將闡述何謂理想和不理想的目標：

個案：快將 30 歲的志強在新界北區工作。他剛升職，希望能夠置業。

	不理想的目標	理想的目標
Specific	我想購入一個單位。	我想購入一個價值二百萬到二百五十萬元的單位，單位不能離工作地太遠。
Measurable	我想要一個好的單位。	我購入的單位面積約 750 呎以上，坐向東南面等。
Achievable	我現在會開始儲蓄，預算用現金付款。	我現在開始儲蓄置業首期所需金額，約需兩年時間，希望能在 15 年內把單位供完。
Relevant	所有人都説廣州的屋苑價錢相宜，質素不錯。我買了以後再想交通怎樣安排吧。	我想要購入的單位要交通方便，離開工作地不超過 45 分鐘車程。
Time-bound	我想下個月就有新居，並能搬進去 / 我沒有急切需要，再等十年也可以。	我希望一年內能夠成功置業。
Evaluate	我一定要有自己的物業。	我每三個月會重新評估自己的目標，就當時實際情況，看看是否須要修訂目標。
Reward	我不會把金錢花在其他的目標上，直到我把單位供完為止。	每年我也會用數千到一萬元跟家人到外地旅遊散心，為自己的努力和成就獎勵一下自己。

除了參考「SMARTER」去訂立目標，你還要注意以下事項：

- 目標應該是你想做到的事情，而不是別人想你做的；
- 檢視自己對重要目標所下的決定；
- 訂下具有挑戰性的目標，讓自己可以發揮潛能；
- 制定不同範疇的目標，如工作、人際關係、友誼、健康、靈性等方面；
- 把目標排序，由最重要到最不重要的；
- 先選擇最重要的目標來實行；
- 當自己正在努力，希望達成重要的目標時，不要被別的事情影響或分心，要堅持到底、絕不動搖。

5. 如何執行和堅持目標

若你想達成一個頗大的目標，你可先把這目標分為一些較小的目標，小目標乃是為了協助達成大目標而設的。請看以下例子：國光早陣子中了風，現正康復中，可是他行動不便，走路困難。他的大目標是不需要器材輔助或他人扶持也能走路。在達成大目標前，他的小目標可以包括鍛煉四肢肌肉，有足夠氣力去走路，和逐漸減少對輔助器材的依賴等。

若你希望自己能夠堅持目標，這個目標對你來說就一定是有特殊價值和意義的，如何才能尋找到有意義的目標呢？學者 Sonja Lyubomirsky 就曾建議寫自傳，記下個人的經歷、價值觀、貢獻等重要的事，[6] 又可以長輩的身分寫下對後人的期望，此舉有助你不斷檢視生命中的作為及目標，不斷自我提醒和檢討，實不失為一個好方法。

很多人因害怕而放棄追求理想和目標，其實一個從沒犯錯的人，可能只是一個沒有作為的人，未曾嘗試或努力，他擁有的只是零。達成目標可能要面對如萬重山的阻隔，只有切實去做才有機會成功。同時，要以開放的態度接受新事物，很多時候環境改變會促使自己學習新技能來適應，所以，變遷未嘗不是好事，正如西諺所云：一扇門關了，自有另一扇門開啟。

5.1 達成目標所需的美德和優點

如何訂立清晰的目標，過真正有意義的人生呢？學者 Emmons 認為，有三個極為重要的美德和品格優點，是訂立和追尋目標的過程中最重要的態度和精神，就是：慎思（prudence）、耐性（patience）和毅力（persistence）。[7]

慎思，讓我們更有效運用生命的資源。沒有經過深思熟慮而制訂的目標，只會浪費資源，到發現時已是後悔莫及了。為生活訂下目標時，首先要了解自己的價值觀和需要。分辨哪些是別人的要求，哪些才是自己真正重視和希望得着的東西。目標應儘量具體和實際，方便經過一段時間後評估進度是否如自己所想，目標籠統模糊，往往令人難以斷定進展。

要達成目標，耐性是不可或缺的，西諺：「羅馬非一日建成。」有時我們要等待合適時機，有時則要忍受不如意的情況，不能輕率行動，可見耐性對達成目標的重要。目標可劃分為長期、中期和短期。長期目標一般指為期三至五年，以至十年內希望達成的事情；內容必須符合個人價值觀和信念，也能滿足一些個人基本需要。然而，很多人只有長期目標，存心「一步登天」，沒有訂立中期及短期目標，以致很難具體逐步達成自己的理想。人生有不同階段，要在適當時段訂立適當目標。制訂目標要由遠至近、由大至小，且踏實忍耐地由短期目標和計劃開始執行，並要經常自我醒覺和與時並進。

中國的一些諺語，如「鐵柱可磨成針」和「愚公移山」等，都不約而同地與許多科學研究結果非常吻合：**成功者與失敗者的最重要分別，在於他們能否堅持和有足夠的毅力**。能面對失敗，不氣餒，不放棄，對目標堅定不移，確實是成功的祕訣。因此，當你訂下目標，要悉力以赴向前跑，堅忍和耐力都非常重要。在達成目標的過程中，我們需要定期檢討自己是否滿意完成目標的進度，並考慮作出適當的修正。這個不斷檢討和修正的過程亦需要毅力，也是成功完成目標不可或缺的。

目標完成後，切勿忘記獎勵自己的努力和堅持，學習多些善待自己。適當的獎勵可以像「加油站」一般為我們的心靈加油，讓我們更有衝勁完成更大的目標，為自己的人生加添姿彩。

堅始信念，走到終點

南非前總統納爾遜．羅利拉拉．曼德拉一直反對種族主義，抱着建立一個平等、自由的新南非的堅強信念。

曼德拉生於 1918 年，是家中長子，酋長的繼承人，但他不想以酋長的身分統治部族，他希望「以戰士的名義投身民族解放事業」。這個清晰的目標伴隨着曼德拉的人生，讓他走上追求民族解放的道路。他先後參加主張非暴力鬥爭的南非非洲人國民大會，成為大會的「青年聯盟」主席、南非非洲人國民大會執委、全國副主席等，他亦成功組織了「蔑視不公正法令運動」，贏得全體黑人的尊敬。但他追求民族解放的道路並不平坦，在 43 歲時曼德拉被南非政府以「煽動罪」、「非法越境罪」及「企圖以暴力推翻政府」，判處無期徒刑。

曼德拉被囚獄中 27 年，直至 1990 年，南非當局在國內外的輿論壓力下，宣布無條件釋放曼德拉。雖然在獄中受盡迫害和折磨，他的信念從未改變，憑着堅強的毅力，曼德拉於 1994 年南非非洲人國民大會首次不分種族的大選中獲勝，成為南非首位黑人總統。

資料來源：http://news.xinhuanet.com/ziliao/2002-08/20/content_530997.htm

6.「希望」理論

談到目標，不得不介紹學者 C. K. Snyder 的**「希望」理論（Hope Theory）**與研究。[8] 一般人可能認為有希望即相信未來會更好，對將來充滿信心，但其實這只是樂觀。與樂觀相比，Snyder 認為「希望」應包含向前瞻望及相信自己有達成目標的能力和路徑。相反，樂觀的人不一定具備清晰的目標和達成方法。

Snyder 的研究提出希望由以下元素組成：

目標（goal）+ 達標的方法（pathway）+ 達標的意志力（agency）= 希望

希望包含一個人對其目標能否達成的覺知，我們應該主動並以堅持的態度去追求目標，這就是達標的意志力。至於方法，一般情況下我們可以有多種達成目標的方法。希望感愈高，就愈能想出各樣可行的方案，相信自己能達成目標的感覺也會激發人在遇到障礙時，主動尋求其他路徑。總括而言，希望就是一個人相信自己有能力和方法達成目標，包括針對目標評估內外環境，尋求有效的達標方式，堅持直至目標達成。

要協助失去希望的人重燃希望，我們可以運用 Snyder 的希望理論，找出人們缺乏哪個希望元素，例如有些人有目標，卻不相信自己能達成目標，也不知道如何達成；有些人則沒有目標；還有些人擁有目標，也相信自己有能力，卻找不着達成目標的途徑。因此，只要客觀分析，對症下藥，自能提升個人的希望感和達標機會。

6.1 高希望感的好處

Snyder 的研究顯示，在他所設計的希望感量表中取得高分的人（即高希望一族），在各方面都比低希望感的人優勝：

身體方面：應付損傷、疾病和痛症的能力較佳；

情緒方面：成功感、自信、樂觀程度、生命意義和快樂指數都較高，較少抑鬱和焦慮情緒；

學業方面：由小學到大學的成績都較優異；

運動方面：表現更為出色。

另外，高希望感的人抗逆力較強，他們會把困難看成挑戰，積極尋找其他方法去達成目標。

研究顯示，希望感和目標的訂立與減弱自殺念頭的關係極密切。在學者 Dube 等人的研究中，[9] 有自殺念頭的退休人士參加了以增加快樂為目標的研究計劃，計劃是幫助他們制訂個人計劃和追求目標。完成計劃後，每個人都做了 16 項有關目標和快樂的問卷來評估計劃的成效。結果顯示，與對照組相比，參與計劃的人較為正面和樂觀，自殺念頭也相應減弱，這正面的結果在六個月後依然持續。由此可見，訂立並達成目標有效幫助有自殺傾向的人，帶來希望感，改善情緒。

另外，學者 Rowley 等人的研究發現，[10] 希望感和目標的訂立與青少年的成長也有密切關係。希望感強的青少年會把問題看成挑戰而非威脅，他們會使用正確的應對方法。同時，這些青少年對挑戰有更正面的看法。這證明了希望感不但是正面的觀點，更能增強人面對壓力的抗逆力。另外，Snyder 的研究帶出希望和教學的關係：高希望感會令學生為自己訂立進取的目標分數、提升他們的自信、自尊和戰鬥力，以致感到快樂。反之，低希望感的青少年會感到自卑、沉悶、缺乏動機和缺乏渴求的心等。

7. 盲目追逐目標的代價

本章為你介紹了有目標生活的好處，制訂和達到目標的方法，這都與我們的快樂和滿足感息息相關。然而，凡事總有兩面，過度追求目標或追求不恰當的目標，有可能要承受健康和情緒上的風險，例如太專注追求目標而忽略生活的其他方面，失去平衡，可能也要付出很大代價。事實上，不少人為了事業有更大成就或更上一層樓，不惜廢寢忘餐工作，雖然成功達標，但可能損壞了身體，或犧牲了家人朋友的關係，這類例子實在屢見不鮮。因此，你所制訂的目標必須兼顧各方面的需要，要取得平衡，不能顧此失彼。

又或者，你太看重一個必須達成的目標，萬一失敗，你可能受不起打擊，一蹶不振，這也是過於執著個人目標的危險。因此，如何建立有目標的生活固然重要，但懂得何時修訂甚至放棄目標也同樣重要。必須因時制宜，靈活變通，才可在追求和達成目標上不斷得到滿足。

換句話說，你要知道何時應堅持，何時應放手，放手並不一定代表失敗，可能也是一種生活的智慧，正如保羅在《聖經》中自白：「我無論在什麼景況都可以知足，這是我已經學會了。」（〈腓立比書〉4：11）若然你已盡了最大努力，但礙於各種原因未能達成目標的話，你可能要重新考慮是否應該修訂甚至放棄原先的目標，嘗試尋找其他可帶來意義和滿足的新目標。若然能夠懷着廣闊自在的胸襟去追求理想和目標，就是最理想的喜樂人生了。

8. 結語

目標對每一個人都非常重要，它既是正向心理學的重要元素，亦能影響人生的許多方面。目標好像指南針，美好的目標能令生活更有組織和意義；沒有目標，人生像失去方向，迷了路，不知生存的理由。再者，**實踐目標的過程能令人產生責任感，掌握機會去學習新技巧，以及建立與羣體的互動**。事實上，人是羣居的，有很強的歸屬需要，所以，目標的訂立往往會涉及其他人在其中，如朋友、家人、同事等。人需要有社羣、關係和網絡，驅使我們繼續奮鬥，這亦是喜樂的來源之一。

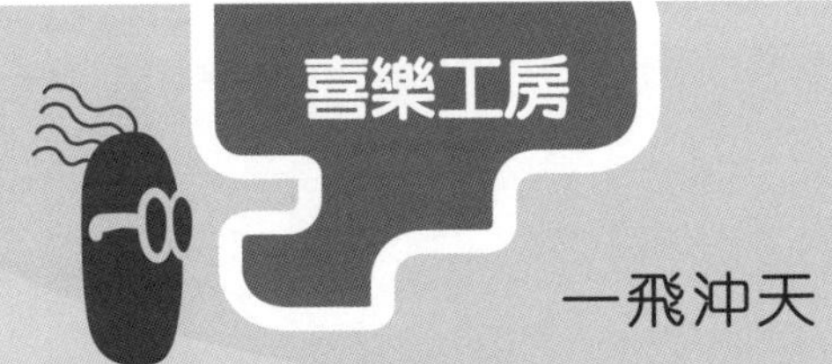

一飛沖天

訂立目標絕非難事，但如何訂出有效及實際的目標，卻並不容易。

在我們舉辦的正向心理培訓課程中，**「一飛沖天」**這個遊戲讓參加者對訂立目標有進一步的認識，同時亦為他們帶來不同的反思。

先簡單介紹遊戲的玩法：

1. 參加者先分成小組，並利用所派發的材料摺出一定數量的紙飛機。
2. 遊戲開始前，組員要商討及訂下他們的目標分數。於商討過程中，組員不能夠試飛。
3. 訂下目標分數後，參加者須要將紙飛機飛到地上預先設定的計分區。
4. 第一回合結束後，組員可根據第一回合的經驗及成果，重新評估小組的目標分數並作出修正，再進行第二回合的比賽。
5. 遊戲勝負不在於分數高低，而是取決於所得實際分數與目標分數最接近者為之勝出。

雖然上述的遊戲很簡單，但參加者卻能透過活動作出許多反思。參加者於遊戲的第一回合所訂立的目標大部分與所得的分數有相當距離；就像我們平日訂立目標時一樣，因為不太清楚自己的能力，可能會將目標定得太高或太低。可是，當我們有了實際經驗後，便可根據自己的能力和經驗作出修正，就像參加者完成第一回合後，他們便能根據之前的經驗作出適當修訂。

於第二回合時，參加者所訂的目標分數與第一回合有顯著分別，目標比之前的更實際及切合自己的能力。同時，於討論過程當中，組員之間的支持及鼓勵，可讓大家更相信自己的能力，並堅持達到一同訂下的目標分數。

總括而言，這個遊戲讓我們知道訂立目標時需要考慮的因素，包括對所訂立目標的經驗、對自己能力範圍的了解，以及所得到的支持等，這些因素有助我們訂立實際的目標和協助自己堅持信念達到目標。

訂立目標

你能夠描繪出現在生活中，各重要範疇的目標嗎？試想想然後在下面填上。

生活目標		達標程度（0 - 完全未達標，10 - 完全達標）	改善或有助達標的方法
家庭			
工作 / 事業			
人際關係			
個人成長			
嗜好 / 興趣			
靈性 / 宗教			
健康			

註釋

1. 劉岩編著（2009）:《快樂智商》（頁 35）。香港：中華書局。

2. Csikszentmihalyi, M. (1990). *Flow: The Psychology of Optimal Experience - Steps towards Enhancing the Quality of Life.* New York: Harper Perennial.

3. Emmons, R. A. (1996). Striving and feeling: Personal goals and subjective well-being. In Bargh, J. & Gollwitzer, P. (Eds.), *The Psychology of Action: Linking Motivation and Cognition to Behavior* (pp. 314-337). New York: Guilford Press.

4. Kasser, T., & Ryan, R. M. (2001). Be careful what you wish for: Optimal functioning and the relative attainment of intrinsic and extrinsic goals. In Schmuck, P. & Sheldon, K.(Eds.), *Life Goals and Well-being* (pp. 116-131). Gottingen: Hogrefe.

5. Lathan, G. P. (2003). Goal setting: A five-step approach to behavior change. *Organizational Dynamics, 32,* 309-318.

6. Lyubomirsky, S. (2008). *The How of Happiness: A Scientific Approach to Getting the Life You Want.* New York: The Penguin Press.

7. Emmons, R. A., Keyes, C. L. M., & Haidt, J. (Eds.) (2003). *Flourishing: Positive Psychology and the Life Well-lived* (pp. 105-128). Washington, DC: American Psychological Association.

8. Snyder, C. R. (Ed.) (2000). *Handbook of Hope: Theory, Measures, and Applications.* San Diego, CA: Academic Press.

9. Dube, M., Lapierre, S., Bouffard, L., & Alain, M. (2007). Impact of a personal goals management program on the subjective well-being of young retirees. *European Review of Applied Psychology, 57* (3), 183-192.

10. Rowley, A. A., Roesch, S. C., Jurica, B. J., & Vaughn, A. A. (2005). Developing and validating a stress appraisal measure for minority adolescents. *Journal of Adolescence, 28,* 547-557.

第八章

喜樂關係：經營愉快關係

No man is An Island.

~英國作家 John Donne

1. 引言

從呱呱墮地開始，我們就要學習與身邊人交往，什麼禮教儀文、長幼有序、人際溝通等，在人生路上我們學過不少，凡此種種都告訴我們，人需要學會與人相處。正向心理學家指出，擁有美滿的婚姻、溫馨的家庭、真摯的友誼或投入的宗教生活，人生會變得更精彩；當逆境來到，我們也有足夠的能力承托。[1]

中國人是非常重視關係的民族，儒家思想以五倫關係——君臣、父子、兄弟、夫婦、朋友——為社會的基礎。西方的社會科學將東西方文化比較時，稱西方文化為個人主義，東方文化則為集體主義，意指東方社會往往將羣體利益凌駕個人利益之上，個人願意為羣體（如家庭）而犧牲自己；中國人也特別重視別人對自己的觀感和看法，所以「面子」是一個非常重要的觀念，不給人面子被視為對人極大的侮辱。其次，我們做事往往按「關係法則」而行，對不同關係的人會用不同的做事方式，即所謂「親疏有別」，此外「拉關係」也是社會上的生存技倆。

正因中國文化如此重視人際關係，我們的幸福快樂就絕對不能抽離關係的層面去理解，如何建立正面愉快的關係對中國人來說是關鍵和重要的。若論今日香港人的生活狀況及人際關係，究竟是悲是喜，是空虛還是充實，相信不同人會有不同解讀。但以下一些數字可能讓我們對香港人的婚姻、家庭、友誼和宗教有更多了解和體會。本章希望與你一起探討如何處理不同的關係，讓你和身邊人的關係變得更正面和愉快。

2. 幸福到白頭？

「無論疾病健康、貧窮富裕、年輕衰老、順境逆境，我都願意愛你、安慰你、尊敬你、保護你，並願意一生對你永遠忠心不變，這是我的許願。」對紅地毯上的誓盟，你是否記憶猶新？至今你仍能堅守嗎？

綜觀今日香港的婚姻問題，確實令人惋惜。2008 年本港的離婚數目為 17,771 宗，較 1981 年的 2,062 宗上升了 7.5 倍。[2] 到底數字背後反映什麼現象？為何這麼多婚姻會亮起紅燈？為何小風波會演變成大悲劇呢？

西方有一種名為「愛情銀行」(Love Bank) 的理論，作者 Willard Harley 用來比喻夫婦關係。夫婦關係好比一個銀行聯名的儲蓄戶口，經常會有存入和提取。良好的夫婦感情，如給予對方關心、做出一些令對方喜悅的事情等，就像為這個銀行戶口存入「正面感情貨幣」；反之，惡劣的夫婦感情，如講出傷害對方的話、不關心配偶、冷漠回應對方的需要，就像在這個戶口提取「正面感情貨幣」。

根據「愛情銀行」理論，良好與惡劣的夫婦感情最大的分別是正面存入 (positive deposits) 與負面提取 (negative withdrawals) 的比例不同，如下圖所示：[3]

由此可見婚姻是要努力經營的，夫婦任何一方都有責任為這個聯名戶口存入愛護與關心，有時一句問候或一個眼神，看似微不足道，但其實已為這個戶口增添了存款，不妨多做一點，為美滿婚姻打造良好的基石。

心理學家 Alan Carr 在其著作 *Positive Psychology: The Science of Happiness and Human Strengths* 中，提出多項幫助夫婦提高婚姻滿意度的策略，現列舉部分建議與你分享：[4]

- 接受及尊重你的配偶，不要試圖去改變他 / 她；
- 每天花時間去聆聽對方和分享你的體驗；
- 嘗試花時間與配偶一同參與正面的事件；
- 當衝突發生了，要關注對大家關係的影響，而不是專在配偶身上找毛病；
- 當夫婦相處不協調，身體出現壓力與焦慮的徵狀時，請花點時間去進行鬆弛練習；
- 當衝突發生，嘗試儘快解決，不要拖延。

這六項策略中，確實讓我們明白到：夫婦雙方都要為自己的婚姻幸福付出努力；婚姻遇上問題時，大家應正視及尋求解決方法。只有彼此珍惜和堅持處理問題，婚姻才能恩愛到白頭，真正做到「執子之手，與子偕老」的理想。

悲劇收場的夫婦

阿詩今年 33 歲，來港已有六年，一直當家庭主婦，打理家務井井有條，對孩子呵護備至；丈夫是土生土長的香港人，從事裝修，工作勞碌，回家後總愛躺在沙發上休息。二人育有一名三歲孩子。

最近夫婦經常吵架，丈夫懷疑阿詩有第三者，常不滿阿詩逛街、衣着漂亮，對她預備的飯菜亦多加批評，孩子撒野則責備阿詩不懂管教。阿詩情緒受到極大困擾，有時脾氣暴躁，有時自我封閉，愈來愈沒心機處理家務。丈夫對她的不滿有增無減，在一次吵鬧中，憤然對阿詩大打出手，不慎用玻璃杯割傷了阿詩的面龐，從此夫婦勢成水火，最後阿詩決定申請離婚。

不妨試想一下，這段婚姻關係破裂的原因何在？悲劇是否可以避免？

3. 愛源自家庭

家庭是社會的基本單位，是孕育下一代的核心地方。人的個性、品格、德行都是在家庭成員互動下建立起來的，所以家庭對每個人的影響至為深遠。古時《孝經．喪親章》說：「孝子之喪親，哭不偯，禮無容，言不文，服美不安，聞樂不樂，食旨不甘，此哀戚之情！三日而食，教民無以死傷生，毀不滅性，此聖人之政！喪不過三年，示民有終也。」[5]《孝經》詳述了何謂孝道，父母在生時，子女要心存愛敬；逝世後，要心存悼念，守孝三年。中國傳統文化特別重視子女對父母的敬重和孝道。可惜，這優良傳統已大不如前。根據政府統計處的資料顯示，2007 年本港的虐兒個案數目已達至 944 宗，較 2004 年的 622 宗上升了 51.7%。[6] 而「虐待長者個案中央資料系統」，在 2007 年 1 月至 12 月呈報的虐待長者個案統計數字共有 612 個。[7] 這些數字所反映的問題可能只是冰山一角，究竟有多少個案仍未揭發？現今許多父母與子女的關係已勢成水火，如同仇敵，實在叫人心酸。

面對這幅令人傷心的圖畫，我們需要好好檢視自己的家庭關係，儘早正視問題，尋求方法改善。政府早年的宣傳口號「愛你的家人，講得出，做得到，一家人嘛！」正好道出我們需要愛護家人，要為彼此付出，並不能空口講白話。以下有一些培育家庭關係的建議，不妨參考一下，可能成為你的指路明燈。

(1) 讓你成為「愛的循環者」

作家David Pollay認為父母樂於為孩子付出，是因他們是「愛的循環（Love Cycle）者」，在愛的循環關係裏，家人不會問誰先為我付出，繼而去衡量應該給予多少，大家都會不自覺為對方付出和自然地得到回饋。[8]就如父母並不會因為自己曾為孩子洗衫煮飯和供書教學，就計較孩子長大後是否會歸還他們付出的金錢和時間。因為父母並非「計數者」（clicker），總是無條件付出愛，全心全意照顧兒女。

(2) 與親人保持來往

心理學家Michael Argyle認為，若然親子、手足以至大家族成員之間能夠保持親密的關係，那麼每一個家庭成員便會感到其社會支持（social support）增強了，快樂能量也會提升。[9]我們可以與家人及親戚定下每年相聚的日子和內容，例如吃一頓飯、去旅行、舉辦中秋燒烤晚會等，目的是保持與親人聯絡，在交誼過程中分享近況，互訴心聲；有需要時，大家便成為彼此的支援者。

(3) 坐言起行，實際行動

父母可以主動關懷孩子，你有否想過一日裏，作以下事情：

- 一大清早，摸摸孩子的頭和臉龐；
- 向他説聲早晨；
- 為他預備喜愛的早餐；

- 送他上學；
- 回家後給他一個擁抱；
- 關心他今日上學的所見所聞；
- 飯後一同嬉戲，如一同看電視、往街上散步等；
- 睡前講故事；
- 俟他睡着了，你才安然入睡。

若然你能經常這樣做，一個溫馨的家就在你身邊了。

4. 真摯的友誼

獲得朋友的惟一方法，便是自己先做別人的朋友。

查爾曼

人而無友，猶如生活中無太陽。

法國諺語

2007 年香港中文大學向剛入學的新生進行一項有關快樂的問卷調查，調查結果顯示 63% 新生體驗到與人交往是一件賞心樂事。首三項快樂的泉源，按優先次序是朋友、家庭和娛樂。[10] 這反映出良好的朋友關係有助學生獲取快樂能量。

心理學家 Ed Diener 和沙利文曾對 222 名大學生進行研究，結果顯示最快樂的 10% 大學生，他們共通之處都是擁有親密的朋友關係，並願意投資大量時間與朋友相處。[11]

人與人之間的信任關係與快樂是相關的，原因有三個：1. 快樂的人較容易得人信任，被人選擇為朋友，相反悲情的人便沒有這麼大的吸引力；2. 信任關係能滿足人的歸屬需要，使人感到快樂；3. 親密的關係為人提供了社會支持。[12] 原來朋友之情能帶給人這麼多好處。常聽人家說：「為朋友要兩脇插刀」、「患難見真情」、「有難同當」等。是的，真正的朋友會在你患難時給予幫助，因此深厚的友誼確實能為我們增添溫暖和安全感。

但是，真摯的友情並非一朝一夕就能培育出來的，必須經過經年累月的考驗和維繫才能產生，不妨參考以下方法，為自己的人生增添更多真摯友誼。

1. 先檢視你的朋友名單中，哪些人是你想與他結連，並進深發展友情的；
2. 然後看看自己平時與這些人的相處情況，問問自己：
    - 什麼時候與他們聯絡？
    - 什麼地方與他們見面？
    - 通常是單獨相處，還是一大班朋友？
    - 大家的談話內容是什麼？
    - 相處時的態度怎樣？

3. 承諾改善與人相處的模式，如朋友致電給自己，不要輕易説沒有空；承諾的約會不要失約；每星期預留時間與朋友相聚；願意為朋友放棄個人需要等；
4. 訂立如何進一步培育友誼的行動計劃，例如：何時開始聯絡朋友、安排會面地點、主動向朋友分享自己的生活和需要、開放自己分享喜與憂等；
5. 實踐以上計劃。

就讓我們從今天起，視朋友為自己人生中的珍貴資產，投放時間努力培育健康愉快的友誼，讓自己的人生更豐盛和精彩。

5. 持守宗教生活

如果你有宗教信仰，你與上帝的關係也是人生中極為重要的。根據北美的研究，一般來説有宗教信仰的人平均較沒有宗教信仰的人快樂一點。請看看以下圖表：[13]

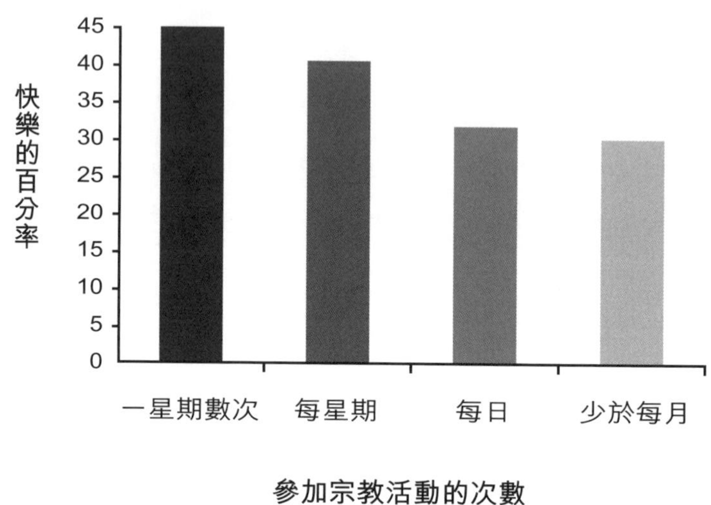

資料來源：Carr, A. (2004). *Positive Psychology: The Science of Happiness and Human Strengths* (p.25). Hove: Brunner-Routledge.

研究結果顯示，愈多參加宗教活動，人愈會感到快樂，顯示宗教信仰與快樂之間有正面的關係。事實上，過往許多研究都表示有宗教信仰的人可能更健康及長壽，他們較少服用毒品，較少自殺、離婚及犯罪。不少有宗教信仰的人，共通之處是感到人生滿有意義，並對將來充滿盼望。因此，若你有宗教信仰，不妨多參與宗教活動，使你的人生變得更充實快樂，也有助你獲得更多親密和正面的關係。宗教屬靈的層面與快樂有極大關連，我們將在第九章詳細討論。

6. 正面關係的祕訣：寬恕之道

有一個故事，名叫《放下馬鈴薯》：一天上班主任課，老師要求學生在馬鈴薯上刻上自己最憎恨的人的名字，同學很快就刻上了。一星期後，老師再次要求同學刻上憎恨的人的名字，但今次不只一個，同學感到對那人有憎恨感覺，便可刻上他的名字。結果同學愈想愈多，有的刻上三個，有的五個、十個、十五個不等。鐘聲響起，老師說，今星期的家課，就是無論你身在何方，如出外逛街、做功課、乘車、看電視等，均要帶着這些刻了名字的馬鈴薯。一星期後，同學回來向老師說：「老師，太辛苦了。」老師回答說：「那麼你想怎樣做？」同學說：「我想放下。」

原來學懂放下，就是寬恕的關鍵。我們經常對親人、朋友、上司等諸多不滿，對他們大發脾氣，什麼言語衝突，或沉默抗議，都在有意無意間表達了自己的憎厭。但原來學懂寬恕的藝術，首先是要放下這份怨恨的重擔；別人不一定改變，但學懂放下，反而幫助你解除心魔，釋放自己。

愈來愈多研究顯示，人心中若充滿怨恨和不滿，會影響身心健康。心理學家 Michael McCullough 和 Robert Emmons 稱，要減少這類負面情緒，就是培養寬恕能力，這可降低由壞事產生的痛苦和怨恨程度。[14] 沙利文亦提到寬恕能夠幫助人面對過去的傷痛，釋放憤怒情緒，重建正面情緒。[15] 若你能夠培養寬恕的美德，應用在日常生活中，與人建立良好的關係，你自然會有更多空間去留意身邊的福分，有助培養感恩的心。

6.1 寬恕的定義

歷來許多研究人際關係的學者對寬恕均有不同定義，讓我們從中有多點領會。

- 心理學者 Enright & Eastin 認為，寬恕的概念源自猶太教及基督教，意思是上帝將人的罪移除、覆蓋或補償過錯及撤銷罪；寬恕表明耶穌基督甘願犧牲自己代替世人受罰，這是對世人獻上無條件的愛；[16]
- Kaufman 認為寬恕代表放棄怨恨；[17]
- Pingleton 認為寬恕代表放棄報復的權利；[18]
- Enright 認為寬恕表明受傷害者自願放棄對加害者的怨恨和譴責，並且願意用憐憫及寬宏大量的心去愛對方；[19]
- Worthington 和 Wade 認為不寬恕是一種包含怨恨（resentment）、苦毒（bitterness）、憎恨（hatred）等元素的冷漠情緒（cold emotions）；反之，寬恕他人是受傷害者的內在選擇，並且他有可能在安全的情況下，尋求與加害者復和（reconciliation）。[20]

從以上定義來看，我們明白到寬恕最重要的過程是：受傷害者自願放下怨恨；更進一步是尋找機會與加害者復和或轉化去愛對方。大家可想像，達到這種境界並非一朝一夕可成，過程中，受傷害者與加害者可能要付出不少淚水、時間和精神。這種精神與生理上的透支，果真不易。所以我們應該欣賞一些在婚姻路上曾經發生婚外情的夫婦，無論遇上幾多波折，怨恨、憤怒、埋怨與報復，最後仍能寬恕對方，接納對方回轉，並願意與之偕老。

6.2 寬恕五部曲

專門研究寬恕如何應用在婚姻與家庭中的心理學家Everett Worthington，在 *Five Steps to Forgiveness* 一書中提出了五個寬恕別人的步驟，稱之為REACH寬恕五部曲：[21]

步驟一：R（Reach）客觀地回憶傷痛

受傷害者與加害者客觀地訴說傷痛的事情，儘量避免主觀地對加害者作出不合理的抱怨。談論內容包括傷痛事情的因由、彼此的關係、曾傷害對方的説話和行為等。

步驟二：E（Empathize）以同理心從加害者角度去理解其行為

受傷害者嘗試易地而處，設想加害者為何會作出傷害自己的行為和背後可能的原因。

步驟三：A（Altruistic gift of forgiveness）嘗試回憶被寬恕的經驗

受傷害者回憶往事，嘗試回想自己也曾經傷害別人，獲得對方原諒的經驗，嘗試感受被原諒的感覺和反應。

步驟四：C（Commit）容許自己原諒對方

受傷害者作出內在的選擇，容許自己原諒對方，並且願意作出行動，如把原諒對方的心意化為語言或文字，發電郵或寫信給對方、在日記記下、向朋友傾訴等。寬恕過程中，重要的是受傷害者的行動是自願的。當然，原諒對方並不等同縱容對方繼續犯錯，假如對方不肯承認自己的錯失，受傷害的一方自然也較難做到寬恕；但選擇權仍在自己手中，即使不能完全原諒對方，也可學習放下怨恨，這是為自己的好處。

步驟五：H（Hold onto forgiveness）堅持寬恕

受傷害者向自己承諾寬恕加害者，並願意持守，不再停留在過往那種憤怒、受傷和報復的心理狀態，釋放自己，展開新生活。

《聖經》教導世人「不可含怒到日落」（〈以弗所書〉4：26），實在很有意思。若然我們能夠消除不必要的怒氣和怨恨，世界將會變得更好。所以台灣作家何權峰也有類似的話：「當你掌控別人時，你同時也被掌控；如果你綁住別人，別人也會綁住你。」[22]

因此，與其含恨終生，倒不如及早放下來，讓自己獲得解脱。

7. 正面關係的祕訣：助人為樂

一天，放工乘巴士回家。在車廂內，看到一位小孩正在猶豫是否讓座予身旁一位婆婆，說時遲那時快，婆婆已坐到位上。小孩的媽媽用凌厲的眼神盯着那不知所措的孩子。然後，媽媽對孩子說：「邊有咁蠢呀！畀我坐都好呀！你個書包又咁重！」我們的社會似乎已經失落了守望相助，日行一善的美德。原來，「助人為快樂之本」不只是一句口號，而是很有科學根據的。若你想活得快樂些，必須學習如何關心和幫助身邊有需要的人。

7.1 何謂助人？

1964 年一名住在美國的 29 歲女士 Kitty Genovese 在家附近的公園被人刺死。最令人震驚的是沒有一位鄰舍伸出援手，甚至報警的也沒有。後來社會心理學家對這個案作出研究，發現人在危急情況下，都會估計在場的人士會協助，因而不施予援手（bystander effect）；引申出來是他們可能都不知道自己的責任（diffusion of responsibility）。其後便引起一連串的心理學研究，包括助人的動機何在。

助人是利他的行為（altruistic behavior），一種顧及他人需要而不求自己利益的表現。如在街上看到婆婆掉下東西，大多數人會毫不猶豫伸出援手，而不會先考慮這樣做對自己有何益處。

學者 Batson 及同工作了一連串實驗研究，發現個人對他人產生的「同理心」(empathy)，與利他行為（altruism）有直接關係，因此創造出同理心——利他的假設（The Empathy - altruism Hypothesis），如下圖所示：[23]

察覺別人的需要→對需要產生同理心→作出利他的行為→減少別人受苦

舉例來說，你在街上看到有人暈倒在地，心裏隨即產生同理心，急忙上前扶起和慰問，甚至報警救助，讓那人及早得到適當的救援。這假設說明了，同理心愈強，愈容易做出利他行為。這個西方理論其實與中國的儒家思想不謀而合，孟子在〈公孫丑〉上篇描述人性中的惻隱之心，與這套西方理論有非常相似之處：「所以謂人皆有不忍人之心者，今人乍見孺子將入於井，皆有怵惕惻隱之心。非所以內交於孺子之父母也，非所以要譽於鄉黨朋友也，非惡其聲而然也。由是觀之，無惻隱之心，非人也。」[24] 當你看到小孩掉進井內，你不會因不認識他或想到救助他可以利己而救人，可見助人利他的行為背後，往往是出於同理心或惻隱之心，而非為求他朝得到回報或個人利益。

7.2 助人的意義

近年電視上有個特輯，訪問藝人余慕蓮。她收入不高，卻願意捐出約三分之一的長期服務金，約八萬多元，在貴州偏遠山區興建學校，為貧困的小孩帶來讀書機會。訪問過程中，電視台拍攝了余女士第一次進入這所學校的場面，學生列隊校園門口，以掌聲和揮手歡迎她，場面震撼恍如獲頒奧斯卡獎項般。這份尊貴的身分相信非余女士當初捐獻時可以預計的，最可貴的正是這種不問回報的助人精神和心態。

助人的意義就是如此，當你付出一些，可能給別人重燃生命；貴州學生無想過自己會有機會讀書，但當別人善心一到，他們的生活從此改變了，可能因有書讀，從此改寫了人生。所以「勿以善小而不為」，多為別人的需要伸出援手。

7.3 勿以善小而不為

不妨每日留意自己為別人所作的，其實小小事情已是助人的行為，例如：

- 為陌生人推門
- 向管理員打招呼
- 早上返工，為鄰舍按着電梯開門掣
- 為朋友製作小禮物
- 小小的金錢捐獻
- 定期捐血
- 讓座給有需要的人
- 幫助陌生人拍照
- 賣旗 / 買旗

其實助人的機會真的多不勝數，日常生活中實在有許多機會讓我們可以關心他人，一同體驗「助人為快樂之本」。只要你願意出一分力，別人快樂，自己亦快樂，人際關係也就變得和諧愉快了。

助人事業由小開始

1995 年 4 月 19 日一則報章頭條：「對抗童工，12 歲男孩遇害」——吸引了魁格．柯柏格（Craig Kielburger）的注意。魁格閱讀了報紙上一名巴基斯坦童工的悲慘故事後，滿腦子疑惑，不明白為

何他的父母竟會把年紀小小的孩子賣去當奴隸。當魁格找到更多有關童工的報道後，他就對容許剝削兒童的世界感到困惑及憤怒。雖然當時魁格只有 12 歲，完全不知道可以怎樣幫忙，但他把握機會，在班上發表演說，與同學分享那段報道及有關其他童工的悲慘處境。魁格希望透過分享，邀請同學一起當義工，為兒童權益而奮鬥。魁格和 11 位同學就這樣創立了「解放兒童組織」(Free The Children)，成為第一個號稱「兒童幫助兒童」的兒童人權組織。

同年，魁格和一位 25 歲的朋友拉曼 (Alam Rahman) 決定到亞洲一趟，了解及探視那些在不人道環境下工作的兒童及他們的工作環境。魁格在印度探視童工處境時，得悉加拿大總理與其他領袖訪印，於是，他不斷寫信求見總理，但他收到的答覆總是指總理太忙碌。最後，他和朋友決定召開記者會，希望引起總理注意。魁格因記者會獲總理接見，亦因為這次會談，世界各國開始關注兒童的權益及「解放兒童組織」。魁格至今已走訪五十多個國家，而「解放兒童組織」亦已在全球 45 個國家從事教育及發展計劃，並建造了五百多所學校，參與活動的青少年超過 100 萬人。這一切都是由一個少年人的同情心和正義感開始。

資料來源：魁格．柯柏格及馬克．柯柏格著，吳怡靜、林雨蒨、黃敦晴譯 (2008)：《我到我們的世代：新一代的快樂人生哲學》。台北：天下雜誌出版社。

8. 結語

沒有正面愉快的人際關係，也不會有充實喜樂的人生，這是最明顯不過的道理。不論是親情、愛情、友情，我們都應重視和珍惜，盡力去打造親密和諧的關係，這在中國人重視關係的文化中就更顯得重要。有些學者甚至認為中國人的自我觀念是與人際關係息息相關的，別人怎樣看我們和面子問題都是非常重要的心理考慮，我們的滿足和快樂很大程度上是從親密關係中獲取的。因此，想要得到幸福人生，你就不能不花功夫在正面關係的打造上，希望這章的內容能對你有所啓發。

試用「寬恕五部曲」

寫下一位得罪過你的人的名字。

然後，應用「寬恕五部曲」：原諒得罪過你的人：

步驟一：R（Reach）客觀回憶這位得罪過你的人傷害你的事

....

....

....

步驟二：E（Empathize）以同理心從對方的角度理解其行為

步驟三：A（Altruistic gift of forgiveness）嘗試回憶自己過往曾被人寬恕的經驗

步驟四：C（Commit）容許自己原諒得罪過你的人

步驟五：H（Hold onto forgiveness）堅持寬恕

勿以善小而不為

以下是一些助人行為的建議，請每日進行一次，並作記錄；一星期後看看自己的快樂指數有沒有提升。

現在你的快樂指數是 _____ 分

最不快樂 ———————————— 最快樂

0 ———————————— 10

這個星期每天進行以下至少一項助人行為：

o 為陌生人推門

o 向管理員打招呼

o 早上返工，為鄰舍按着電梯開門掣

o 為朋友製作小禮物

o 小小的金錢捐獻

o 定期捐血

o 讓座

o 幫助陌生人拍照

o 賣旗 / 買旗

o 其他：____________________________

一星期後，你的快樂指數 _____ 分

最不快樂 ———————————— 最快樂

0 ———————————— 10

註釋

1. Carr, A. (2004). *Positive Psychology: The Science of Happiness and Human Strengths.* Hove: Brunner-Routledge.
2. 政府統計處人口統計組（2008）:《香港人口趨勢 1981-2006》。香港：政府統計處，頁 65。
3. Harley, W. F. (1994). *His Needs, Her Needs: Building an Affair-proof Marriage.* Crowborough : Monarch.
4. 卡爾（Carr, A.）著，鄭雪譯（2004）:《積極心理學：關於人類幸福和力量的科學》(*Positive Psychology: The Science of Happiness and Human Strengths* 中譯本)。北京：中國輕工業出版社，2004。
5. 【唐】李隆基著、刑昺疏；鄧洪波整理；錢遜審訂（2000）:《孝經注疏》。北京：北京大學出版社。
6. 政府統計處人口統計組（2008）:《香港人口趨勢 1981-2006》。香港：政府統計處，頁 65。
7. 《虐待長者個案中央資料系統》http://www.swd.gov.hk/tc/textonly/site_pubsvc/page_family/sub_listofserv/id_serabuseelder/
8. Pollay, D. J. 著，趙昱鯤譯（2009）:《你是愛的循環者，還是計數者》。New York: *Positive Psychology News Daily*, 2 February 2009。
9. Argyle, M. (2001). *The Psychology of Happiness* (2nd ed). London: Routledge.
10. 香港中文大學學生輔導及發展組：《中大新鮮人快樂情報》，2007。
11. Diener, E., & Seligman, M. (2002). Very happy people. *Psychological Science, 13,* 81-84.
12. Carr, A. (2004). *Positive Psychology: The Science of Happiness and Human Strengths.* Hove: Brunner-Routledge.
13. Myers, D. (2000). The funds, friends and faith of happy people. *American Psychologist, 55,* 56-67.
14. Emmons, R. A., & McCullough, M. E. (2003). Counting blessings versus burdens: An experimental investigation of gratitude and subjective well-being in daily life. *Journal of Personality and Social Psychology, 84,* 377-389.
15. Seligman, M. E. P. (2002). *Authentic Happiness.* New York: Free Press.
16. Enright, R. D., & Eastin, D. L. (1992). Interpersonal forgiveness within the helping professions. *Counseling & Values, 36,* 84-103.

17. Kaufman, M. E. (1984). The courage to forgive. *Israeli Journal of Psychiatry and Related Sciences, 21,* 177-187.

18. Pingleton, J. P. (1989). The role and function of forgiveness in the psychotherapeutic process. *Journal of Psychology and Theology, 17,* 27-35.

19. Enright, R. D., & the Human Development Study Group. (1991). The moral development of forgiveness. In Kurtines, W. & Gewirtz, J.(Eds.), *Moral Behavior and Development* (Vol. 1, pp. 123-152). Hillsdale, NJ: Erlbaum.

20. Worthington, E. L., & Wade, N. G. (1999). The psychology of unforgiveness and forgiveness and implications for clinical practice. *Journal of Social and Clinical Psychology, 18,* 385-418.

21. Worthington, E. L. (2001). *Five Steps to Forgiveness: The Art and Science of Forgiving.* New York: Crown Publishers.

22. 何權峰著（2007）:《愛，不是你以為的那樣》。台北：高寶。

23. Batson, C. D., Chang, J., Orr, R., & Rowland, J. (2002). Empathy, attitudes, and action: Can feeling for a member of a stigmatized group motivate one to help the group? *Personality and Social Psychology Bulletin, 28,* 1656-1666.

24. 楊伯峻譯注（1984）:《孟子譯注》。香港：中華書局。

第九章

喜樂心靈：人生意義和靈性生活

現實整體上是莊嚴如聖禮的。任何樹、人或事件都可讓每個活體看到神聖的權能……我們也許從各種經歷中找到使我們完整的東西、支持過有尊嚴和意義的生活的東西。

~丟尼修神學宣言　山姆金恩（Sam Keen）

凡我認識活得快樂的人，都在幹自己認為重要的事，並且表現出色。

~美國心理學家 Abraham Maslow

1. 追尋意義之旅

我們自小就不斷從經驗中學習什麼是有價值的事，生活也儘量圍繞這些事。在兒童階段我們較為單純，通常由父母或成人告訴我們何為重要的事。到了青少年階段，許多人都會經歷所謂「身分危機」(identity crisis)，對以下問題感到迷惘：我是誰？人生有何意義？我應該做什麼？不少青少年會竭力尋找這些問題的答案，亦希望能夠得到別人認同。大部分人過渡了這階段後多少都會在心裏有些看法或信念，支持自己繼續走人生路。這時大部分人都會把精力投放在學業、事業和建立家庭等人生大事上，努力為自己的理想和目標奮鬥，生活似乎有了方向，人生意義的問題看來暫時解決了。

可是，人生總不會一帆風順，年輕時追求的許多理想和目標都未必能夠實現，未必可以從事理想的職業，婚姻不一定幸福愉快，甚至子女也不是聽教聽話，結果你可能會再度感到迷惘和失落，不知道活着到底為了什麼，這種稱為「中年危機」的狀況，可說是青少年期「身分危機」的延續。

《人生下半場》(*Half Time*) 一書的作者 Bob Buford 用了一個有趣的比喻來形容人生：一場球賽。[1] Buford 認為人生上半場大多數人都追求成就，如學業、事業或家庭上的「成績表」，很多時我們是為了贏取別人（可能是父母、老師、上司或其他人）的認同而追求的。中年是人生上半場完結後的中場休息，是時候檢討上半場的表現，計劃下半場應有的策略。我們應由「追求成就」轉為「追求意義」。一般而言，中年危機過後尋找到的人生意義和方向，絕少有關物質或金錢，反而較多是親情、友情、助人、發揮潛能、靈性生活等範疇。

晚年，大多數人會由繁囂的生活轉歸平淡，退休後空閒時間多了，自會回憶往事，回顧一生。根據著名心理學家艾力遜（Erikson）的「人生八階」發展理論，[2] 在人生的最後階段，最重要的關卡是「整合」(integration) 抑或「失落」(despair)，這可決定你這時的精神面貌。若果你對自己一生所經歷所做的大致滿意，亦覺得蠻有意義的話，那你就會產生「整合」的經驗，為人生劃上愉快完滿的句號；但若果你回顧一生覺得是白過、沒有意義，甚至充滿遺憾的話，那你就容易陷入「失落」之中。

許多人都認同意義是人生中最重要的一環，失去意義可說是人生最大的痛苦，生活變得空洞，內心感到空虛，心靈感到痛苦，也使許多人抑鬱和絕望。可見意義在人生中所佔的位置有多重要，意義的追尋是人生不同階段都會進行的重要活動，是人生精神層面不可或缺的。

無可置疑，人若要活得喜樂，就須要活得有意義和價值，否則，再多的享樂或安逸，我們還是會感到苦悶和空虛的。沙利文提出快樂有三種途徑，就是**活得愉快（a pleasant life）**，**活得充實（an engaged life）**，**和活得有意義（a meaningful life）**，單依靠第一種途徑絕非真正快樂的最佳保證，第三種途徑——活得有意義——才是最有價值和最深層的快樂。[3]

2. 意義為何？

為何人要活得有意義才會快樂呢？原來人的行為基本上是服務兩個目的，一個是避開身體和心靈的痛苦，另一個是追求滿足和快樂，這是我們大部分活動的目的。怎樣才可以得到滿足呢？首先你必須知道自己的需要在哪裏，滿足這些需要就能帶來快樂。這些需要有不同的層次，有些是身體和生理上的，如溫暖、溫飽等；有些是心理和社交上的，如安全感、親密感、成就感等；有些是道德靈性上的，如意義和價值的追尋和實踐。許多人認為，這個層次乃人生中最重要最高層次的需要，我們需要肯定自己的生存價值。

另外，心理學家Baumeister認為，人需要覺得生活有意義，主要有四個原因：[4]

(1) 人的生活要有目的。學者Klinger指出，人的腦袋是為有目的的活動而設的，無目的的生活會令它衰退。[5] 有目的的活動可以讓我們的生活聚焦，集中精力於有建設性的事情上。

(2) 我們要建立價值觀來指導自己的生活取向和行動，意義可以告訴我們哪些是重要有價值的事，和值得追求和持守的東西。

(3) 人要擁有自尊感，相信自己的價值和重要性，這是心理健康的重要基石，肯定自己生存的意義乃自尊感的根基，覺得生活沒有意義的人很難肯定自己的重要性和價值。

(4) 最後，我們亦要擁有健康的效能感，相信自己有能力達到合理的目標，可以令自己的生活變得更好。

談到意義，這與我們的價值感和道德感是不能分割的，活得有意義就是做有價值的事情，將事情和經驗按其價值和重要性分等級是人的本性，缺乏清晰價值取向的人很易活在混亂之中，或被人擺布和控制。請你自問，什麼是對你最重要的？你現在是否花最多時間和精神在這些事情上呢？若你的答案是肯定的話，那就恭喜你了，你的生活起碼是過得有目標的；假如你的答案是否定的話，那你就當好好省察，是否過着別人想你過，而非自願過的生活呢？

另一個重要的意義指標是我們的道德感。道德是我們的是非對錯觀念，每個人都希望做自己認為對的事，本着良知而活，若明知故犯，就會受到良知譴責，內疚感油然而生，以致失去快樂。當然，我們許多時未必可以完全按着是非良知之心而行，正如保羅在《聖經》中的自白：「因為我所做的，我自己不明白；我所願意的，我並不做；我所恨惡的，我倒去做……因為立志為善由得我，只是行出來由不得我。」(〈羅馬書〉7：15，18下) 這大概就是人性矛盾的一面吧！然而，成熟有智慧的人較能處理這種矛盾，按着自己的道德取向過活，也較能活得有意義和價值。

喜樂指數

你的生命過得有意義嗎？

你是否同意以下看法呢？

	是	否
• 我正在尋找生命的意義。	□	□
• 我了解自己要做什麼才會過得充實。	□	□
• 當我回想過去及展望將來時我感到頗滿意。	□	□
• 我知道生命的方向及目的。	□	□
• 我認為人應該活得有意義和價值。	□	□
• 我為自己定下目標。	□	□
• 我喜歡為我的理想而努力。	□	□
• 有人覺得生活只在乎玩樂享受，我認為生活中應有更有價值的東西值得去追尋。	□	□
• 我正為我的目標努力。	□	□

假若你的答案中愈多「是」，愈少「否」的話，表示你愈肯定自己的人生意義和價值。

資料來源：Meaning in Life Questionnaire. Retrieved from www.authentichappiness.com, 14 January 2009.

3. 人生 BIG FIVE

對許多人來說，人生最終極的問題，就是人生到底有否意義？若沒有，我們一生的努力和奮鬥不過是為了生存，未能賦與特殊意義？根據「意義治療」的始創人 Viktor Frankl 的見解，這種「存在的虛無」(Existential Vacuum) 是造成抑鬱、絕望、放縱等問題的真正元兇。人活着而沒有意義確是一件非常可怕可悲的事。

意義治療認為意義的問題存在着三個基本假設：[6]

(1) 人有選擇人生意義的自由和責任 (Freedom of will)

(2) 尋找意義是人基本的動力和渴求 (Will to meaning)

這可說是生命對我們的呼喚和要求。為了達到這種意義的追求，我們必須超越自我，不再只為自我滿足；

(3) 人生是有意義的 (Life of meaning)

Helen Keller 曾說：「許多人誤解了快樂的真義，真正的快樂並不能透過自我滿足達到，而是要透過對一個有價值的目標的認同與追求。」

所以，喜樂的人並不會單顧個人利益和福祉，而是會認真努力去過一個負責而有意義的人生，委身於真正有價值的目的，回應人生的召命，這樣才可獲得真正的快樂與滿足。

Viktor Frankl 認為，人生有三種不同層次的意義：

（1）終極意義（Ultimate meaning）

這是超越時空絕對的意義，不是容易尋得見的，許多宗教或哲學思想都嘗試提供不同的終極答案。

（2）生命意義（Meaning of life）

每個人都要為自己的人生定下生活的意義和方向。

（3）此刻的意義（Meaning of the moment）

每一刻都有它獨特的意義，我們須要選擇如何回應與實踐此刻的意義。

「意義中心療法」（Meaning-centered Therapy）創立人黃載寶博士（Dr. Paul Wong）繼承了「意義治療」的傳統，他認為尋找人生意義是每個人都不能逃避的，在過程中我們要問自己五個問題：[7]

1. 我是誰？
2. 我為何而生存？
3. 我的人生方向是什麼？
4. 痛苦與死亡有何意義？
5. 我如何才能找到快樂與意義？

黃博士稱這五條問題為人生的 BIG FIVE，每個人不論自覺或不自覺，都在心裏和生活上不斷探索這些疑問，每人的答案都不同。找不到答案或認為沒有答案的人可能會落在空虛之中，活得不快樂，因他們缺少一個意義系統去承載人生的種種經歷，也缺乏面對苦痛或失意時的勇氣。

順帶補充：追求意義是每個人內心深處的渴求，但這渴求也需在某些基本條件下才會呈現出來。譬如在溫飽或安全欠奉的情況下，人自然不容易思想到人生意義的問題，因為「搵食」已經佔據了他大部分的心思和精神。然而，另一方面，假如人不明白自己生存的目的，或花大部分時間於自己不願意的活動上，內心難免會浮現一個基本問題：到底這一切是為了什麼呢？事實上，很多人生存只是為了逃避痛苦，而非追求美善或理想，他們內心這方面的疑問一定更大。

3.1 自我價值問題

在意義中心療法的五大人生問題中，為首的是「我是誰？」自我身分和價值的確與人生是否活得快樂有極大關係。人最基本的心理需要就是自我價值感（sense of self-worth），自我價值感低的人很易陷入自卑、抑鬱、內疚、羞愧等負面情緒之中；自我價值感高的人則通常較為快樂，也較易覺得人生充滿意義。

怎樣找到自我價值呢？這是個極為重要的問題，假如我們用上錯誤的方法尋找，很可能會對自己的心理健康和情緒產生負面影響。我們相信以下的自我價值基礎都不是十分理想，可能會造成心理壓力與不快樂：

（1）我的價值在乎我擁有多少（我的財富）？

不少人以為愈成功愈富有，擁有愈多，自我價值就愈高，人生自然也愈快樂。正如之前提過的快樂與財富研究，愈有錢不一定愈快樂，過分重視物質與財富反而會招惹不安和苦惱。自我價值亦不應依賴這些外在的東西，假如你的自尊建基於銀行存款數字，或者你身上穿着多少名牌，這個根基很脆弱。別人即使對你非常尊敬，可能只是表面的，假如有一天你的財富蒸發了（如遇上金融海嘯），別人對你的尊重也會隨之蒸發，因此金錢絕不能代表你的真正價值。

（2）我的價值在乎別人對我的評價（我的名聲）？

對許多人來說，自我價值等同別人對自己的評價，若果身邊人（甚至包括競爭對手或敵人）都對你抱很高的評價和肯定，你自然覺得擁有自我價值。中國人特別注重面子，給人面子或保存面子都是非常重要的。社會心理學指出，我們如何看自己，很大程度上受別人對我們的評價影響。然而，若以此作為自我價值的基礎，弊處是：我們會對別人的評價或態度過分敏感，以致缺乏安全感，情緒易受環境牽動，這絕非理想的自我價值基礎。

（3）我的價值在乎我所能做到的（我的成就）？

很多時我們都會用自己所做的或個人成就來建立自信和價值，男士尤喜歡炫耀自己在事業上的豐功偉績，覺得這是他們最感自豪的地方，也喜歡與別人比較，看看誰的成就或「成績表」漂亮

些、耀眼些。不只如此，我們許多時更會用一個人的才能和本事來衡量他的價值，讀書成績優異的學生更受人喜愛，工作表現出色或不斷升職加薪的人也特別被人羨慕，這是現實社會的普遍標準。

當然，追求卓越和成就是一件美事，並無不妥，但我們要提防將一個人的成就等同他的價值，落入功利主義的陷阱。許多人一生可能沒有什麼特別的成就或卓越工作表現，行事為人都非常低調，但他們卻非常值得愛戴和尊敬，他們的自我價值可能來自良好品格和美德，包括謙虛，所以單以成敗論英雄絕非正確的價值取向。

你如何看待自我的價值呢？你的自我價值有多少是建基於你的財富、名聲與成就呢？還是你的自我價值在乎你的內在素質，如人生信念、價值觀、個性、氣質、美德呢？假如你有宗教信仰，你可能會認同個人價值在乎你與上帝的關係，和祂怎樣評價你。

意義與快樂的互動

追求人生意義使人感到愉快滿足，但愉快的心情又可否叫人感到人生更有意義呢？答案是肯定的，無數研究指出，不論引起愉快感覺的原因為何，愉快的心情的而且確可以使人更具創意、更友善、更有效率、更可愛、更主動、更健康、更樂於助人和更具抗逆能力。心理學有一連串研究指出，愉快心情的確可使人覺得自己的人生更有意義，例如若果在某一天受試者經驗到較多正面情緒，他們會評定那是有意義的一天，可見意義和快樂是互為影響，關係非常密切的。這表示愉快情緒有助我們達成有價值的目標（以上所提的都可算為有價值的東西吧！），尋到人生意義。[8]

3.2 提防虛假的意義

不同時代、文化、背景、性格的人可能對人生的意義有不同的詮釋和見解，意義的追尋絕對是很個人的歷程，沒有人可以代替你。然而，人類幾千年的集體智慧告訴我們，以下事情不可能成為人生真正的意義，近代心理學亦大致上贊同：

(1) 自我中心

自我中心、只顧自己的心態絕對不是人生終極意義的理想「候選人」。無數研究指出，最快樂的人都有一個共同點，就是他們都擁有美好的人際關係。從來沒有一個自私自利、只顧自己的人是真正快樂的，即使在被稱為個人主義的現代西方社會也是如此。

無可置疑，能與人產生感情的交流，甚至心靈相通，與別人一起分享與分擔，確是人生最愉快和滿足的經驗之一；又或能追求一些超越自我中心的理想和目標（如改善社區、義工服務、宗教靈性的提升），也是喜樂人生的途徑，這些經驗都有一個共通點，就是超越了自我中心的取向和自私的心態。

自我中心和自私都是親密良好關係的最大敵人。要放下自我，體會別人的內心世界和主觀經驗，彼此建立扶持，是人生美好和有意義的時刻，自私的人不會體會和明白。若你的人生目標中沒有一項是於人有益、為人付出的，那你的人生意義大概仍停留在膚淺的地步。

（2）金錢與物質條件

富裕的物質生活的確是許多人夢寐以求的目標，以為擁有財富和物質的享受就能保證幸福快樂。哈佛大學教授 Tal Ben-Shahar 在《更快樂》（*Happier*）一書中稱，有些人誤認金錢為人生的「終極貨幣」。當你缺乏這些物質條件時，會感到它們很寶貴；但當你擁有時，又會發現原來它們不能滿足你的內心，你仍會感到莫名的空虛，無聊苦悶。

（3）官能享樂

人的本性是追求舒適與享樂，逃避不適和痛苦，現代科技很大程度上是為這個目的而服務的，我們每天都在享受科技成果帶來的舒適——空調設備、汽車及其他交通工具、電視等等。然而，若要你回憶過去經歷過最有價值和意義的事情，你會想起這些享樂的經驗嗎？大概不會吧！舒適享樂是人生的樂事，但它不過是「人生大餐」中的甜品，並非主菜，絕非我們的「終極幸福」，你當然不會希望自己的人生如此膚淺和缺乏意義吧？

榮華富貴背後的虛空

《聖經》中一位耳熟能詳的人物所羅門王，他大半生都在追求人生各種的享樂。他家財萬貫，僱用了很多人為他歌唱，擁有各式人才為他建造各樣園林景色、宮庭殿宇，家中牛羊婢僕無數，上千天姿國色在寢宮侍候。他享樂不絕，生活極盡奢華。但這些只帶給他短暫的歡樂與喜笑，他大半生都品嚐不到真正的快樂。在他所寫的〈傳道書〉中，從沒有提及「喜樂」兩個字，反而常常提及「虛空」。〈傳道書〉是《聖經》中出現「虛空」兩字最多的書卷，指虛無徒然，既無實質亦不能得着滿足。〈傳道書〉大半內容都偏向消極，竟出自這位大半生過着享樂日子，但仍感到「毫無喜樂」的君王。可見快樂之道並不在於「享樂」。

這位傳道者在書卷結束時所寫的，至為重要，他的諍言就是在「毫無喜樂的那些年日未曾臨近之先，當記念造你的主」（12：1 下）。似乎靈性的追求和自我超越才是所羅門王心中喜樂之道。

資料來源：http://www.ziondaily.com/chi/truth/article_view.php?rec=576

3.3 人生真義「候選人」

要活得真正開心，就得過有目標和意義的生活，能夠尋到和體驗人生真義的人是幸福快樂的。雖然不同的人可能有不同的信念和體驗，但總的來說，我們相信以下的人生意義「候選人」都具一定資格，值得你參考和細味：

(1) 發揮潛能、活出真我

許多人都因對自我缺乏信心，錯失了發展機會，平庸地過日子，他們的心中隱隱覺得欠缺了什麼似的，但又沒有勇氣去探索和發展自我。故此，能夠活得自由，發揮個人潛能和所長，才可使你肯定自己的價值，甚至存在意義。

「天生我才必有用」，發揮潛能的人可以是從事不同的行業，包括藝術家、企業家、專業人士等等，在自己的工作事業上發展所長，精益求精；也有些人在工餘的興趣方面發展自我，雖然是業餘身分，但一樣可以達到樂而忘我的境界。

你可反思一下：我的事業是否能讓我一展所長？我怎樣發揮自己的專長或興趣呢？我投資多少時間在這些活動上呢？

(2) 表達關懷、造福他人

人不能孤獨地存在，與別人建立關係是人生極為重要的事。若能對人流露真誠的愛心和關懷，善意待人，處處為人設想，甚至幫助別人活得快樂幸福，或者減少別人的苦痛，亦是人生意義的合理「候選人」。

在歷史中這種人的表表者，可數德蘭修女（請參第六章）。她為愛而犧牲自我的精神，正好反映以造福別人、以他人福祉為先的信念，這種高尚情操當然是人生義意的重要部分。

我們雖然沒有德蘭修女般偉大，**但可有想過能為別人或這個社會做什麼呢？即使一點點的關懷與仁慈，也可以成為別人匱乏時的一杯涼水，你又會否吝嗇呢？**

(3) 追求智慧、認識真理

有人說：智慧是人生最大的寶藏，能活得成熟有智慧，才算真正活過！聰明可以是天生的，但智慧卻要從人生經驗和反省中累積。有些人擁有許多人生經驗，但不一定有智慧，要經過不斷反思和探索真理才可獲得智慧。不願意面對人生真相的人，也不可能擁有智慧，要有勇氣面對真我與真相不是件簡單容易的事，需要對真理有一定執著才行。正如孔子曰：「朝聞道，夕死可矣。」正是這種認真尋道的精神表白。

你對自己的智慧有什麼評價呢？你的人生經驗可有提升你的成熟和智慧呢？你渴望活得有智慧嗎？你認為怎樣才算是智慧的人生呢？不妨好好思想一下。

(4) 發展靈性，超越自我

靈性是許多人視為人性或人生中最寶貴和最高層次的經驗，也是意義的最終歸宿，是超越自我的法門。由於這個課題涵蓋層面較闊，我們會在下文再深入探討。

4. 宗教靈性的追尋

談到尋找喜樂的途徑，不得不思想靈性與宗教的範疇，有很多證據和個人經歷説明，靈性與宗教信仰對生活滿足感的重要性。就算你沒有任何宗教信仰，也請耐心細讀，可能會改變你這方面的看法。

宗教與靈性這兩個觀念很多時都很難分辨得清清楚楚，簡單地説，靈性（Spirituality）是「對神聖的追求」，[9]追求一些比自我更重要和偉大的人生意義。靈性是一種自我的超越，也可説是自我的完成。Spirituality 這個字來自拉丁文 Spiritus，意思是生命的氣息（the breath of life）。**英國牛津字典指出，靈性有兩個基本概念：與生命中最重要的原則或質素連合；非普通物質世界的東西，通常被認為是神聖、超越和不凡的。**靈性包含個人整體的經驗，包括信念、態度、取向、意識、主觀經驗和行為等。另一方面，宗教則指有系統和組織地對神明的信仰和敬拜，當中包含公開的認信和教義，敬拜的羣體和儀式等。

雖然宗教信仰是很個人的事情，心理學亦非研究宗教的學問，但心理學卻有研究宗教信仰與心理健康的關係。近年愈來愈多心理研究顯示，擁有宗教信仰的人平均較沒有宗教信仰者更快樂、更健康、更能應付逆境或困難，例如有證據顯示，假如你要進行心臟手術而又能從宗教信仰中得到力量和安慰的話，六個月後你仍然生存的機會比沒有宗教信仰的病人高出三倍！[10] 當然箇中原因仍有待調查，但有一點很明顯：有宗教信仰的人擁有較多健康有益的行為和習慣，例如較少酗酒、吸毒、濫交、或吸煙等。

主觀快樂方面，有研究顯示每星期參加幾次宗教活動的人士中，47%認為自己「非常快樂」，相對每月參加少於一次宗教活動的人士，只有 28%認為自己「非常快樂」。這現象的成因，當中可能有不同的解釋，例如宗教活動可以提供強大的社交網絡和支援，但似乎這點並不能完滿解釋為何前者差不多是後者的兩倍？有不少學者（如 Lyubomirsky 和 Pargament）指出，信仰一位神明可以為人帶來極大的安慰和心靈力量，特別是在危難或逆境時，相信神明的帶領和保守，可以提供心靈上極大的安全感；另一方面，信仰可以提供一套整全的意義系統，為你詮釋人生的目的方向和終極意義等重要問題，亦可為遇上的苦難尋到正面的解釋和意義，相信一切發生的都非偶然，當中有上帝的安排與旨意，這確是面對苦難時極強大的心靈力量。

有趣的是，一個研究顯示，相信上帝掌管一切的癌症病人比相信由自己掌控的病人適應得更好，當然他們並非消極地等待，而是主動積極地透過禱告和信心來發揮靈性的威力。[11]

話你知

父母對嬰孩突然死亡的適應能力

一個研究發現，嬰孩突然死亡的父母，若經常參加宗教活動和視宗教為非常重要的話，在嬰孩死去三星期以至半年後，他們都比非宗教信徒的父母較少抑鬱和有較佳的適應。[12]

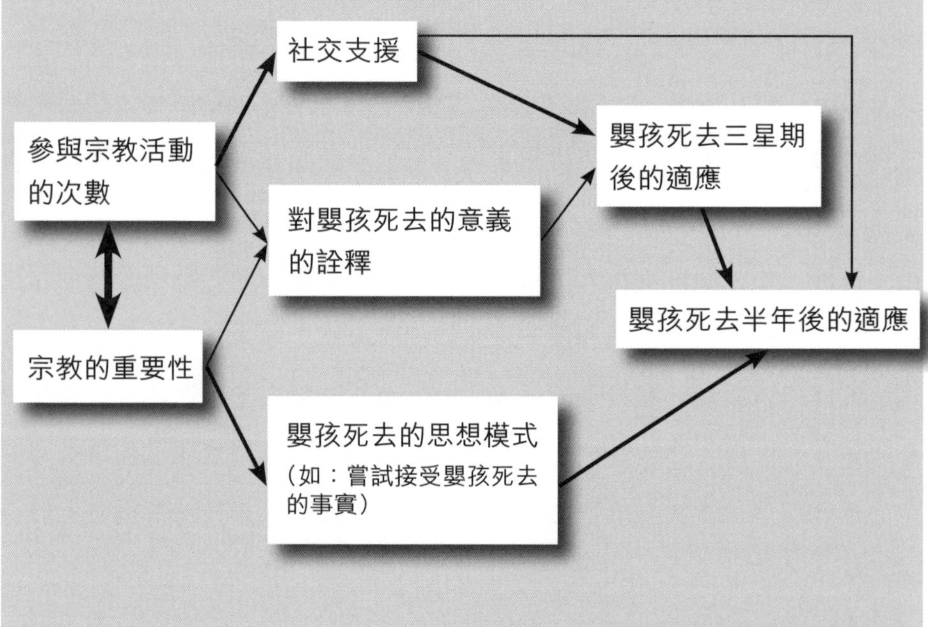

註：箭咀愈粗代表影響愈強

綜合以上討論，似乎有宗教信仰的人身心都較為健康，可能在信仰中，他們經歷到大量的喜樂、希望、愛、自尊、寬恕、欣賞、感恩等正面經驗，更易感覺到人生是有意義和方向的，也擁有宗教團體作為強大的支援網絡，這都可能是他們活得更開心和健康的原因。所以假如你有宗教信仰的話，靈修、默想、祈禱等靈性活動，一定是心靈喜樂滿足最重要和有效的途徑。

4.1 心靈乃快樂之源

若然你沒有宗教信仰，並不代表你不可以追求靈性方面的好處，研究指出，重視靈性生活的人較快樂，精神健康較佳，處理壓力較好，婚姻較美滿，較少濫藥和酗酒，身體健康較好和壽命較長。[13] 尋求靈性對你來說到底是什麼？這可以指人生對真、善和美的追求和經驗，你可以有無數領悟和體驗靈性的方法和機會，譬如感應大自然的奇妙偉大，在當中體驗領悟靈性的境界；你亦可能在人與人之間的溫情和互助中明白真愛，或在孩子身上看到生命的純真可愛。

靈性觸覺高的人可以在日常生活中經驗到超凡和神聖 —— 相信比自己偉大的存在，體驗生命的奧妙，尋索自我的完整。這些經驗可以練習和體會的，例如透過靜修、默觀、祈禱、冥想、接觸大自然、處於人羣中等。重要的是你有否培養自己這方面的屬靈「胃口」。

持久的快樂不能依靠外在多變的環境，乃在乎你內心的境況，即心靈的狀況。若想提升靈性素質，請多留心自己心靈的健康情況。在日常繁囂的生活中，我們很易忽略自己內心的感受，遇到不愉快負面的情緒時多會逃避壓抑，不想負面情緒給自己麻煩。久而久之，我們對自己的心靈狀況會變得生疏，對產生恬靜愉快感覺的途徑也感到陌生。要重拾心靈的豐富和美麗，我們就要多用心去接觸自己的內心，不用逃避和害怕，細味心靈本身的力量和資源。你可回顧過去的努力、堅持和成就；體驗此時此刻內在恬靜舒暢的感受；也可展望將來會成就或經歷的事情。無論用哪種方式，只要對你來説是合適的，都可用來增強自己的心靈力量。

4.2　靜修與默觀的妙處

世上不同的宗教和靈性的追求，都不約而同重視靜修與默觀等內在經驗，認為這些修煉乃通往靈性更高境界或與上帝相遇的必備條件，不論是佛家的冥想、禪宗的悟性、天主教和基督教的靜修與默觀等，皆相信靜默是發展靈性的一條重要路徑。根據心理學家 Lyubomirsky 的分析，這種默觀式的修煉（Contemplative/Mindfulness Meditation）似乎都有以下共同點：[14]

- 開放的態度（be open）：注意每一件小事，恍如首次見到一般。
- 信任的態度（be trusting）：信任自己，相信生命的主宰或生命本身的智慧。
- 忍耐的態度（be patient）：等待，不勉強自己，不急躁，讓生命或靈性漸漸展示出來。

- 不強求的態度（be non-striving）：不過分注重結果，多注重過程和經驗。
- 非批判性的態度（be non-judgmental）：觀察當下一切，採用抽離（detached）和非評價（non-evaluative）的態度。
- 放開的態度：（let go）：不執著於自己的思想，自然開放。

事實上，無數研究證實，經常練習靜修或默觀的人身心都較為健康，例如他們較少心臟病、痛症、抑鬱、焦慮、驚恐等徵狀。一項研究指出，六星期的靜修練習（meditation exercise）使一羣上班人士心情更愉快，更享受當下，人際關係更好，較少身體不適，對感冒有較強的免疫力；[15] 另一個研究顯示，經過八星期靜修練習的人士，腦掃描顯示他們的左前額葉較右前額葉活躍，表示他們較為快樂和正面。[16] 還有一項在醫科學生中做的實驗顯示，接受靜觀訓練（mindfulness training）的學生，相對於對照組的學生，擁有較多靈性經驗，對人較有同感心，較少焦慮與抑鬱的情緒。

由此可見，不論你是否有宗教信仰，練習靜修默觀等活動都有助你更愉快、內心更平靜、身心更為健康，你不妨考慮選擇一種適合你的宗教或靈性背景的修煉方式來嘗試一下，看看對你可有正面的效果。

話你知

腦部與正面情緒的關係

近年科學家利用腦電圖（EEG）的科技，研究出人腦的左前額葉（Left Prefrontal Cortex）和右前額葉（Right Prefrontal Cortex）與我們經驗到正面情緒相關。科學家發現左前額葉是主要負責愉快情緒、主動探索和好奇等正面經驗的，例如一個研究發現，當受試者觀看喜劇時，左前額葉的位置會特別活躍。相反，人腦的右前額葉會在我們經驗到負面情緒時較為活躍。[17]

5. 結語

沙利文博文提倡的三種美好人生：愉快人生（a pleasant life）、充實人生（an engaged life）和有意義的人生（a meaningful life），第三種人生以意義為中心，可見意義的追尋與實踐在人生中確具非常重要的位置，不容忽視。孔子亦云：「朝聞道，夕死可矣。」這「道」應包含人生中正確的道理、價值和意義，所以儒家思想也鼓勵人追尋過有意義和價值的人生。事實上，沒有意義的人生很難充實愉快，起碼不會產生持久真正的快樂。另一方面，靈性的經驗和覺悟在追尋意義的路途中佔非常重要的位置，不論你是否有宗教信仰，你也可嘗試體驗靈性生活的好處，希望本章的內容能為你帶來一些新的領悟和體會。

你的人生藍圖

你可有認真思想過自己的人生意義呢？你清楚自己的生活目標嗎？這些目標能否反映你的價值觀呢？你可試填寫以下問卷：

1. 我的人生意義包括：

2. 我的生活目標包括：

3. 這些目標反映我以下的價值觀：

4. 我實踐人生意義和目標的計劃是：

喜樂小點子：追求靈性體驗小貼士

1. 每日劃出一段短短的時間思想一下自己的靈性狀況，回顧一下自己的靈性生活和進展。
2. 回顧過去自己靈性方面的進程和發展，檢視這方面的得益和滿足。
3. 閱讀一些與自己靈性有關的書籍或觀看這類電影。
4. 在日常生活中留心察覺與自己靈性有關的經驗，即使是極細微的事情。
5. 為自己訂立靈性生活的目標，致力完成，再檢視一下自己的經驗和收穫。
6. 若你有宗教信仰，每天都用一些時間進行祈禱或敬拜，與你所相信的上帝接觸。
7. 回顧你在靈性或宗教上的行為和習慣如何影響你生活的各個層面，無論是正面或負面的。
8. 定期進行一些獨處、靜修、默想等活動，體驗靈性或宗教的經驗和意義。
9. 嘗試發掘自己所遭遇的事情背後的屬靈意義，即使是不幸或痛苦的經歷，看看是否可以從靈性或宗教角度去理解和面對。
10. 每年至少參加一次靈性方面的退修活動，讓自己有一段較長的時間來靜修，默想自己靈性或宗教的狀況。

註釋

1. Buford, B.（1997）. *Halftime: Changing Your Game Plan from Success to Significance.* Grand Rapids, Mich. : Zondervan.
2. Erikson, E. H.（1994）. *Identity and the Life Cycle.* New York: W.W. Norton & Co.
3. Seligman, M, E. P.（2002）. *Authentic Happiness.* New York: Free Press.
4. Baumeister, R. F.（1991）. *Meaning of Life.* New York: Guilford Press.
5. Klinger, E.（1998）. The search of meaning in evolutionary perspective and its clinical implications. In Wong, P. T. P. & Fry, P. S.（Eds.）, *Handbook of Personal Meaning: Theory, Research, and Application*（pp. 27-50）. Mahwah, NJ: Erlbaum.
6. Frankl, V. E.（2006）. *Man's Search for Meaning.* Boston: Beacon Press.
7. Wong, P. T. P.（1999）. Towards an integrative model of meaning-centered counselling and therapy. *The International Forum for Logotherapy, 22,* 47-55.
8. King, L. A., Hicks, J. A., Krull, J. L., & Del Gaiso, A. K.（2006）. Positive affect and the experience of meaning in life. *Journal of Personality and Social Psychology, 90,* 179-196.
9. Pargament, K. I.（1999）. The psychology of religious and spiritually: Yes and no. *International Journal for the Psychology of Religion, 9,* 3-16.
10. Oxman, T. E., Freeman, D. H., & Manheimer, E. D.（1995）. Lack of social participation or religious strength and comfort as risk factors for death after cardiac surgery in the elderly. *Psychosomatic Medicine, 57,* 5-15.
11. Jenkins, R. A., & Pargament, K. I.（1988）. Congitive appraisals in cancer patients. *Aerial Arisen and Medicine, 26,* 625-633.
12. McIntosh, R. N., Silver, R. C., & Wortman, C. B.（1993）. Religion's role in adjustment to a negative life event: Coping with the loss of a child. *Journal of Personality and Social Psychology, 65,* 812-821.
13. Pargament, K. I., & Mahoney, A.（2002）. Spirituality: Discoursing and conserving the sacred. In Snyder, C. R. & Lopez, S. J.（Eds.）（2006）. *Positive Psychology: The Scientific and Practical Explorations of Human Strengths*（pp. 646-659）. Thousand Oaks, Califf.: Sage Pub. Co.
14. Lyubomirsky, S.（2008）. *The How of Happiness: A Scientific Approach to Getting the Life You Want.* New York: The Penguin Press.
15. Smith, W. P., Compton W. C., & West, W. B.（1995）. Meditation as an adjunct to a happiness enhancement program. *Journal of Clinical Psychology, 51,* 269-273.

16. Davidson, R. J., Kabat-Zinn, J., Schumacher, J., Rosenkranz, M., Muller, D., Santorelli, S. F., Urbanowaki, F., Harrington, A., Bonus, K., & Sheridan, J. F. (2003). Alterations in brain and immune function produced by mindfulness meditation. *Psychosomatic Medicine, 65,* 564-570.

17. Davidson, R. J., & Irwin, W. (1999). The functional neuroanatomy of emotion and affective style. *Trends in Cognitive Sciences, 3,* 11-21.

結語

第十章

邁向喜樂人生

1. 引言

在本書的最後一章，我們希望與你分享一些以正向心理學建立喜樂人生的實踐祕訣。本書介紹的喜樂途徑，你可能覺得很難實踐，希望這章能提供一些建議，讓你有信心去嘗試尋找喜樂之道。

2. 從簡單的做起

快樂可以非常簡單，也可以是非常不簡單的事。試看小孩子的快樂，微小平凡的事情都能叫他們樂透。只要成年人仍能保持着這份童心，快樂不是離你很遠，吃一杯雪糕、玩一個遊戲、看一齣好電影或一本好書，也可以叫我們樂透。但快樂也可以是很難得到的，我們可能已有太多重擔或煩惱，或是長期受壓或情緒低落，叫我們快樂不起來。

那麼，我們應如何實踐喜樂的祕訣呢？我們建議無論你的景況如何，試從較簡單容易的事情開始，這樣你成功的機會也較大。什麼活動是你可以掌握而又能令你感到些微愉快的呢？不要立即回答沒有，我們的經驗證明，即使最抑鬱的人，可能需要多花時間和努力，但也能找到這些活動。

你可回想自己過去的愉快經驗，哪些是你可以掌握或製造的呢？是否與你的興趣或嗜好有關？你怎樣令這些事情發生呢？哪些活動是你現在仍可以做的呢？你可能會覺得「此時不同往日」，現在的你或現實環境已不容許了，真的嗎？還是你低落的心情蒙蔽了你的信心，叫你看不到快樂的可能呢？其實只要你願意用心去想，必可找到一些簡單可行的「愉快活動」。

請你為自己擬一張「愉快活動」清單，每個活動都給兩個分數（0至10），一個分數表示活動有多易做或可行性有多高，另一個分數表示這活動為你帶來多大的滿足或愉快感，你可參考以下案例：

愉快活動	易做指數（0-10）	愉快指數（0-10）
1. 吃一頓美食	9	3
2. 約朋友打波	5	6
3. 看一齣好電影	8	4
4. 到郊外旅行，享受大自然	7	5
5. 約朋友見面傾談，分享心事	8	3
6. 到外地度假旅行	2	7
7. 完成一件具挑戰性的工作	1	9
8. 發展一種嗜好	4	7
9. 玩喜歡的遊戲	8	6

列完這個清單後，你可選擇一項最易做的「愉快活動」，安排在未來一星期去實行；對心情低落的人來說，就是做最簡單的事情也會感吃力，所以要選擇易做的事來做。就算這項活動為你帶來的愉快感並非很高，最重要的是你落實完成。

當你連續幾星期實踐計劃（當然你可選擇每個星期做不同的易做的活動），你自然會感到較大的自信，相信自己有能力去做使自己愉快的事情，這時自我效能感可以被提升，就會感到快樂不是這樣困難或不可能。記住，由簡單的做起！

3. 扮演「快樂人」

你相信「假戲真做」、「戲假情真」這回事嗎？人生如戲，有時不妨學一下角色扮演，可能會有意外收穫。研究的確顯示，當我們願意扮演或做出某些角色的要求時，一段時間之後我們的感覺和心情都會受「角色」感染而改變，雖然這種改變的幅度可能有限，但仍不失為一個不錯的自我改變良方。

假如自覺是個不容易快樂的人，或覺得現實中太多煩惱事困擾，不妨嘗試一下短暫的角色扮演，例如逢星期一、三、五為「正常天」，星期二、四、六為「快樂天」。在特定的「快樂天」，儘量嘗試培養愉快的思想和心情，多做叫自己或別人愉快的正面事情，假如你漸漸享受到這「快樂人」角色的好處，那你就自然會讓這角色成為你的一部分，增強你的愉快感甚至抗逆能力。以下是一些較具體實際的建議：

- 每天起牀梳洗時，試試對着鏡子笑，然後對自己說：「我今天要保持心境愉快積極，做個開心的人。」

- 嘗試保持一種微笑式的面部表情一段時間，研究顯示，製造愉快或不愉快的面部表情（如微笑和皺眉），的確可以改變個人的短暫心情。
- 多想些值得開心的事情，無論是過去、現在或將來的，讓自己沉醉在這些思想之中，然後肯定地告訴自己：這個世界或人生仍然有美好的一面。
- 想像一下：假如你是個快樂開朗的人，你會如何去過你的生活，如何安排活動，如何與人相處等，嘗試扮演這個角色一日、一星期，堅持一段時間，看看效果如何。

心理學告訴我們，角色扮演引來的新行為，可以產生新的經驗，改變心情和想法。起初你可能會感到不太真實，很難投入，但經過一段時間，當你熟習了新的表現和行為模式之後，你自會享受到這種角色扮演的好處。原來改變不一定要由心情開始，也可由自己的選擇和行為開始。

話你知

面部表情改變心情

製造面部表情真的可以改變心情嗎？一個有趣的心理學實驗：第一組受試者被要求將一支箱頭筆放在上下兩排牙齒之間，裝出一個仿似笑着的面部表情；第二組受試者則被指示將筆放在鼻和上唇之間，裝出一個皺眉的面部表情（兩組受試者皆不知實驗的真正目的）。然後他們觀看同一套漫畫，結果顯示第一組（仿製「笑容」的一組）較第二組（仿製「愁容」的一組）認為這套漫畫更幽默有趣。[1]

另一個更叫人驚訝的研究是：學者找來十位對藥物或心理治療沒有良好反應的女性抑鬱症患者，年齡介乎 36 至 63 歲，患病年期由 2 至 17 年不等。她們接受一種特殊的面部肌肉鬆弛劑，可以改變這些患者因長期皺眉而出現的「愁容」；兩個月後，九位患者不再抑鬱，第十位也有顯著改善。雖然這只是一個很初步的研究，但似乎顯示出改造愁容可能使別人以為你是個較開朗的人，從而產生較正面的相處經驗和情緒效果。[2]

4. 多做樂事

很多人的經驗都指出：要開心一時不難，但要保持長久愉快的心情則不易，這的確是個挑戰，一個成功祕訣就是多做樂事，即多做叫自己開心的事，經常在生活中安排這些活動。Benjamin Franklin 有一句至理之言：「快樂來自每天發生微小的愉快事件和經歷，多於一些很少發生的極喜大事。」（Happiness consists more in small conveniences of pleasures that occur every day, than in great pieces of good fortune that happen but seldom.）

第二章提到，正向心理學指出，持久的快樂有一半是天生的，但亦有約四成是個人的選擇和行動決定的，多做樂事就正是這方面的積極表現。每個人的「樂事」都不同，本書提及的「樂事」，你可按自己的喜好和經驗去決定應多做哪項。有些人可能覺得多抱知足感恩的態度，多思想這方面的事情，多向人表達謝意，最能使自己快樂；有些人喜歡運動和發展嗜好；亦有些人可能喜歡挑戰自己，努力完成定下的目標，做自己認為最有意義的事情，這才快樂。無論怎樣，只要你找出可以使自己快樂的事情，決心多做、經常做，享受當中的過程和結果，快樂的情緒自然離你不遠。

事實上，愉快的經驗並非只是感到開心，根據學者 Barbara Fredrickson 的理論和研究，持久的愉快經驗可以增強個人的身體、社交、心理和智力方面的資源，成為對抗抑鬱等負面情緒最有效的方法之一。只要你為自己的日常生活多創造愉快經驗，自然可以享受其中的多方好處。

話你知

扭轉負面情緒

研究告訴我們：正面情緒的確可以扭轉負面情緒。在一個實驗中，研究人員要求受試者用一分鐘預備一篇名為「為何我是一位難得的朋友？」的演詞（他們不知道事實上根本不用演講）。他們立時表現出焦慮緊張的生理反應（如心跳加速、血壓上升等）。之後他們被分為四組，每組觀看一齣不同的電影，引發他們四種不同的情緒：愉快、滿足、中性和悲傷。結果發現，觀看引發正面情緒電影的兩組人，較其餘兩組更快恢復正常的心臟和血壓狀況。[3] 另有研究指出：

經常練習愉快活動的人，經驗更多的愉快情緒，這些情緒可維持至少三個月，六個月後他們也很少出現抑鬱徵狀。[4]

5. 變、變、變

另一個非常重要的持久快樂原則是「變」。心理學研究發現，原來人是會適應環境的，這可以是好消息，也可以是壞消息，視乎你在怎樣的境況之中。這意味着假如你不停重複同一個令自己愉快的活動，同一方式和做法，完全沒有變化，你很易適應了這種活動帶來的愉快感覺，然後感覺會大打折扣甚至漸漸淡化。因此，當進行這些愉快活動時，你必須留意安置一些可變化的元素在其中，減少因適應而產生的麻木。例如，感恩對你來說可能是非常奏效的愉快活動，你可考慮每次為不同的事情感恩，包括健康、家庭、工作、友誼、宗教信仰、社會參與等等；你亦可用不同的表達方式，如寫感恩日誌、感謝信、開感恩會、當面致謝、送禮、感恩禱告等等。

同樣，假如你常以神馳的活動為樂，可儘量安排不同類型的活動，可以是運動、嗜好，甚至是工作或義工服務，這樣你才不會因不斷重複同一活動而生厭，減弱了神馳或愉快的感覺。總的來說，適當的變化可繼續保持愉快活動的新鮮感，這點是非常重要的。

除了變化和多樣化之外，我們也要留意愉快活動的頻率，假如出現次數過多，也會減弱其吸引力和愉快感。這與均衡的原則有關，我們不能單單追求快樂，忘記其他情緒；不要盲目追求享樂，有些享樂長遠來說只會帶來不良後果或痛苦（如嗜食、濫藥、酗酒、濫交等無節制的不良習慣）。人生自是有喜怒哀樂不同的經歷，這是正常和健康的。我們要為生活作出均衡的選擇，有追求快樂的時刻，也接受有平淡甚至刻苦的時刻（例如努力去達成目標），這才是美滿的人生。

6. 與良伴同行

另一個快樂祕訣的成功因素就是與良伴同行！有關快樂的研究顯示，快樂的人通常都擁有良好的人際關係，幾乎沒有例外。事實上，關係帶來的好處和滿足的確使人快樂，亦是克服困難和痛苦的重要元素。有研究顯示，至少有一位可傾訴的朋友的女性，較那些沒有這種朋友的更能應付困難和問題。在克服困難或追求目標上，朋友或親人的支持可包括三方面：資料：例如提供意見或新的方法；實質：例如金錢資助；情感：例如為你打氣或安慰。

事實上，很多以行為改變為目標的自助組織（如戒酒、戒毒、戒賭等治療團體），皆重視同儕的影響和團員之間的互助作用，這種關係上的支持、同路人的互相扶持可以是成敗的關鍵。同樣，假如我們希望有正面的自我提升，增加快樂的情緒，亦可依賴同伴的支持和鼓勵，多作分享和要求他們為你打氣（如寫心意卡、電話短訊等），都有助你達成以上目標。

7. 個人化的喜樂工程

這本書一直強調：快樂是個人主觀的經驗，雖然我們相信有一些基本普遍的原則或藍圖，但每個人經歷到的快樂是不同的，達致的途徑亦有差異。因此，你若想獲得持久的快樂，就要了解自己的「快樂手冊」，從過去的經驗和自我認識中制訂個人快樂的途徑和方法。我們建議你每天寫下之前一日的情緒經驗，連續做幾星期紀錄，從中發掘自己獨特的快樂模式。你可參考以下建議：

- 回憶昨天的流程，你做過什麼？列出主要的片段，包括時間和活動；
- 為每個片段仔細回憶當中的經驗和感受，將感受分為正面愉快的、中性的、或是負面不愉快的（只可選擇其中一種），再為這種情緒打分（0-10），愈高分代表愈強烈；
- 在正面情緒旁邊寫下你認為那是一種怎樣的情緒，給它一個具體的形容，如興奮、恬靜、喜樂、滿足、感恩等等；
- 在每個正面情緒旁邊寫上你認為產生這種情緒的可能原因，可以多於一種。

做了一週的紀錄後，你可作一個統計，看看哪種正面情緒最常出現，分數如何，多數與哪些活動或原因有關。經過幾星期的分析，你會見到及認定哪些活動可以產生正面的情緒，這種模式有助你安排和選擇個人化的喜樂工程，非常奏效，不妨一試！

7.1 將快樂變成習慣

人是習慣性的動物，習慣恍如一把兩刃刀，可以助人，也可以害人，視乎你如何運用，和建立一些什麼習慣。例如吸煙是一種習慣，對身體有害；晨運也是一種習慣，對身體有益。那麼，快樂可以成為一種習慣嗎？專家認為絕對可能，而且建立這種習慣將帶來很多好處。

如何令快樂成為習慣性的經驗呢？可參考心理學的理論：聯繫（association）或條件反應（conditioning）。簡單來說，假如你在某些特定環境或條件下重複經驗某些事情，這些環境或條件很大可能與這些事情的主觀感受連繫起來，多次重複後，當你身處同樣環境，就很大可能經驗到同樣感覺（例如愉快舒暢的情緒反應）。舉例，若你多次與伴侶到某地旅行，當你再踏足該地，就自然會產生愉快美好的感覺，像以往的經歷一樣，這就是習慣性的反應作用。

因此，若可以在日常生活，將愉快情緒與活動或環境連繫，就較容易培養出快樂的習慣，你可刻意安排在特定的時地、方式去進行某些愉快的活動，這有助建立快樂的習慣，例如：

- 每週末都在特定的時間進行自己喜歡的活動。
- 定期與你喜歡的人進行喜愛的活動。

當然，培養快樂習慣的同時，你亦須考慮加入適當的變化，以避免出現前文提過的適應或麻木，以致減弱愉快感。

快樂是一種可以培養的習慣，研究指出，愉快情緒可以產生更多的正面經驗，如樂觀的思維、積極的行動等，造成正面循環作用，可見建立快樂習慣絕對可以產生加倍的正面作用！

7.2 製作快樂餐單

快樂是可以累積的經驗，我們建議你為自己度身訂造一套「快樂餐單」，寫上有意義和滿足感的經驗，配合十種不同的愉快情緒，這餐單便成為你日後尋找快樂的指引，當然內容亦可定期更新。你可考慮將以下十種正面情緒放入餐單內：喜悅、感恩、平靜、興趣、希望、自豪、歡樂、憧憬、驚訝、關愛。在每種情緒之下，你可以寫：

- 你在何種情況下經歷到這種情緒呢？
- 這感覺如何？
- 這種正面情緒對你有何影響？
- 你可以做什麼讓這種情緒延續下去或再次出現呢？
- 你最喜歡經驗哪種情緒呢？

這套快樂餐單是你平日很有用的提示，當你感到心情低落時可按這餐單上的建議改善心情。當然，每個人最享受或最易經驗到的正面情緒都不同，對某些人來說可能是感恩，對另一些人來說可能是關愛。若你能養成習慣，定期進行餐單上的活動，你便能經驗到更多愉快情緒，不亦樂乎！

7.3 一顆善待自己的心

要實踐快樂之道，其中一個常見的障礙，就是對自己過分苛求和自責，以致難以快樂起來。許多人自幼經歷父母或其他大人過分要求，將對他的感情與其成就或表現掛鉤，造成他們長大後，潛意識中仍會對自己存着極高的要求和容易自責，心中充滿挫敗感和羞愧感，自然難以快樂起來。其實，我們每個人都有自身獨特的價值，不會因成就的高低而改變。你若想活得輕鬆自在，就必須學會愛惜和善待自己，甚至要寬恕自己的過失和軟弱。世上沒有完全的人，我們要正面地面對自己的弱點，對自己多抱仁慈的態度，和一顆願意善待自己的心。

8. 苦樂交織的人生

這本書已到了尾聲，希望你從中找到通往喜樂人生的途徑，正向心理學的確在這方面為我們提供不少見解和啟發。當然，最重要的還是你個人的實踐和經驗，適合別人的方法未必適合你。我們鼓勵你嘗試這書的方法，然後檢視結果，看看對自己可有幫助，若然沒有，那你可能要另覓途徑；若然效果理想，你可繼續思考和改善這些方法，達致最佳效果。

然而，即使你得益於這書的喜樂途徑，請不要忘記，人生不可能全是正面和喜樂的經驗（也許天堂才是這樣，如果你相信的話），失望和痛苦也是人生無可避免的部分，但這些部分非常重要，不容輕視。我們當然不鼓勵人沉溺或被困於苦痛的經驗，這是不健康的。但如何正視、接納、消化，甚至善用這些負面經驗，可說是人生的大智慧。我們相信，一個心理和心靈都健康的人，情緒基調是正面和愉快的，但同樣會經歷人生種種苦痛與不幸，也會經驗負面情緒，然而他不會因此失掉對人生的積極信念和盼望，仍相信和堅持人生美好的一面，也只有這樣人生才完滿和充實。

願你讀完這書後可以開展一個更豐富、更有意義的喜樂人生。

註釋

1. Strack, F., Martin, L. L., & Stepper, S. (1998). Inhibiting and facilitating conditions of the human smile: A nonobstrusive test of facial feedback hypothesis. *Journal of Personality and Social Psychology, 54,* 768-777.

2. Finzi, E., & Wasserman, E. (2006). Treatment of depression with botulinum toxin A: A case series. *Dermatologic Surgery, 32,* 645-650.

3. Fredrickson, B. L., & Levenson, R. W. (1998). Positive emotions speed recovery from the cardio vascular sequelae of negative emotions. *Cognition and Emotion, 12,* 191-220.

4. Fredrickson, B. L., Mancuso, R. A., Branigan, C., & Tugade, M. M. (2000). The undoing effect of positive emotions. *Motivation and Emotion, 24,* 237-258.